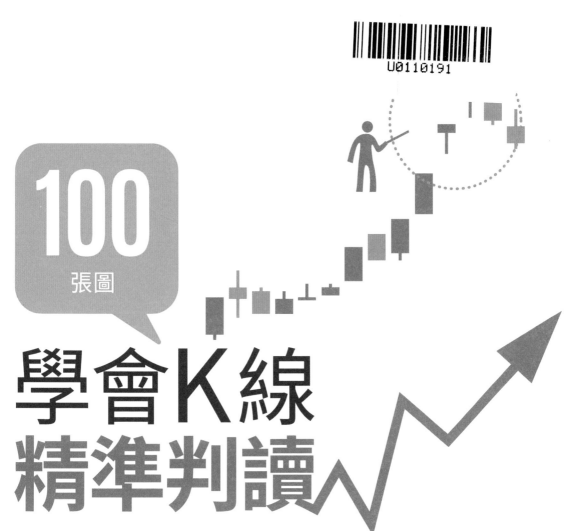

100 張圖

學會K線
精準判讀

神準天王方天龍
「股市生命線」大公開

K線是救贖我的生命線！

在長期服務的報社關門之後失業，敬愛的父母又陸續往生，我終於完全沒有了靠山。走在人生的低谷，我只好重操寫作的舊業，靠一枝筆桿養活自己。

另一方面，沒有了後顧之憂，我反而可以大膽地放逐自己。於是，遠離了台灣朋友，選擇在中國大陸落腳，我開始閉關自己、專心寫作。直到今天，我已經寫了90多本書，至少有4分之1曾經打入暢銷書排行榜。這是我從小的志願——要成為一個有實力的作家，要寫到100本書之後封筆！不過，由於網路興起、實體書式微，我竟連最後的「爬格子」之路也被封殺了！我的寫作路線，只好改以財經類著作為主。這是一條與我文學志趣完全不同的不歸路，卻是我最用心研究的領域！

從絢爛多姿的記者生涯退下來，我常幻想自己是古代經歷轟轟烈烈人生退下來的范蠡，隱姓埋名、改行從商。——我做股票，就是棄文從商！

後來，由一本書的合作機會，我被我的貴人——上海的台商陳董事長看上，引薦到他40幾家公司的集團擔任「文膽」，直到返回台灣在中原大學任教股票和權證課程，我竟然不知不覺地在大陸待了10年之久！

「10年磨一劍」，使我愛上了股票的K線，每天有10小時與幾套股票專業軟體綁在一起。我大量的時間都用在研究、驗證股票的漲漲跌跌。雖然當年在報社編股票版，就接觸股市了，起步很早；打著報社的名義，也先後採訪到上百位頂尖的基金經理人，但股票對我來說，只是工作而已，當時並不缺錢，所以從未特別熱衷。實際上，投入股市，並非我選擇股票；而到最後，卻是股票選擇了我！

旅居大陸期間，我對於股市迷戀多於用功。一直認為，要把股票做好，認真拚不過迷戀。一定要犧牲玩樂的時間，用心投入，才會有所成就。這就如同我求學時期喜歡抱著一大堆棋書，把自己關起來打譜一樣，所以後來才能拿下象棋比賽冠軍；我住在上海時，也幾乎整天在看台股的

K線圖譜，企圖找到自己的「交易聖杯」！

　　幾年前，我在成天累月地觀察K線的變化中，無意間發現「光頭長紅」的次日，常常都還有更高價，這就是賺錢的契機。沒想到後來才發現，這個機密竟然與當年剛剛興起的「隔日沖大戶」理念不謀而合。後來，我就一直在研究隔日沖大戶的籌碼趨向，分享給我的讀者。我算是最早一批在書中寫出「隔日沖大戶」內幕的人，我後來所以要求來信的粉絲填寫個人資料，做為「建檔讀者」，主因就是在堅壁清野，避免主力外圍份子或投顧老師用化名打探內情。

　　股市的技法是日新月異的，如今隔日沖早已盛行，不再神秘。我也發現主力常利用一般人的傳統認知，逆向而行，坑殺散戶。所以，如果只用一招一式或拘泥不變的思維，都容易出現意外的落敗。我後來開了封閉式講座，並成立「天龍特攻隊」群組，就是想繼續照顧「因書結緣」的粉絲。讓他們理解，股市是瞬息萬變的，要搞懂眉眉角角，不但要講究方法，還要懂得「權變」。例如某一檔股票，從日線圖看不出它是「漲多了」，還是「起漲」，那何妨從月線圖和產業面去「居高臨下」；又如從「分時走勢圖」看不出接下來「會漲還是會跌」，那就用分鐘的K線去尋找可能的轉折點。

　　大抵來說，K線是讓我從人生低谷翻身而起的生命線。基本上，買書看書的粉絲也普遍是小資男女，和我是同一個族群。所以，我都在群組裡赤裸裸地分享我「以小搏大」的投資經驗，回報我的粉絲。

　　您不相信K線可以改變人生嗎？我試舉一個「一周賺1.5倍」的故事，您就知道「世間存在著許多你不知道的賺錢機密」。所謂「江湖一點訣，說破不值錢」。這裡就說破吧！看看值不值得您買這本書？

2018年5月底，我用30萬元的資金進場買了一檔股票，6個交易日之後把它賣掉，30萬元就變成75萬元了。它依憑的只是K線的概念。我在買進當天就已經在「天龍特攻隊」群組分享了。不過，大部分群組成員一遲疑，都沒跟上，不久就鎖漲停了。沒想到當大家驚訝它接下來是連續三根漲停時，已經很少人買到了。到了第四天出現一根大量的長黑，更沒人敢買了。那第五天呢？有人半信半疑，頻頻問說：還能買嗎？而我不僅緊抱持股不放，還在同一天不同的兩個盤中時段，連續發出K線圖分享群友，第一次是「貫穿線」，第二次是「多頭吞噬」，暗示多方已占上風。這才有群組成員迅速跟進，次日果然來了一個大跳空的上漲。我就在漲停時把股票出脫了，獲利151.87%。這件事不僅「天龍特攻隊」群組的人都知道，部分臉書朋友也曉得。本書的某些章節將會再對類似的投資邏輯仔細詳述，有心人可以把書帶回家去慢慢看。

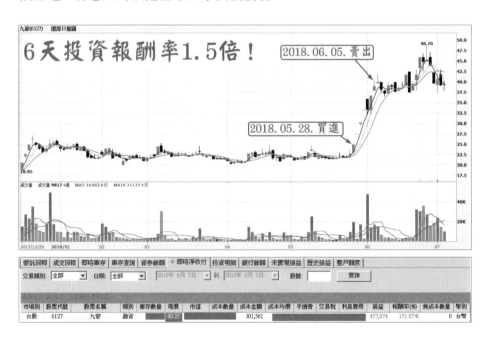

用30萬賺45萬，為期只要6天。這是不是和孔明的草船借箭一樣神奇？「十年閉關磨一劍」，K線真的是回報了我10年的犧牲和努力，它是我從人生低谷再度奮起的生命線！您願不願意讓它也改變您的一生？

本書在籌畫時期，筆者用了無數的日子在錄影股票的走勢，為了是尋找範例詳加說明，舉凡多空判讀、K線解說、轉折點和交易機會，都會在本書中無私分享。如果您仍有不解之處，也歡迎您來信加入我「建檔讀者」的行列。

方天龍的新讀者專用信箱：kissbook@sina.com

方天龍的臉書：https://www.facebook.com/profile.php?id=100010871283091

全書股市圖來源：XQ全球贏家

Contents

PART 3 K線的發現功能

PART 4 作多的實戰圖譜

PART 5 作空的實戰圖譜

01 缺口是什麼東東

缺口是個驚嘆號，中間必有一段故事………

　　股市K線的呈現，依筆者的見解，「缺口」是最重要的角色，所以本書把它列在開門見山的位置。它就像是一個Surprise、一個驚嘆號一樣，出現在上下兩個價格之間，一片空白，中間完全沒有成交紀錄。如果是向上突破的缺口，中間價位根本買不到；如果是向下跌破的缺口，中間價位根本賣不掉。（見圖1-1）

　　為什麼買不到或賣不掉呢？中間必然有一段故事。這個故事很快就會牽動到股價的漲跌，造成它的影響力，所以「缺口」在K線的地位可想而知。缺口的形成，有時和「供需」有關，太多人想買或想賣；有時和新聞事件有關，媒體報導利多或利空，引起追價或殺盤，才會如此強烈地表現在K線上。不論做當沖或做波段，它都具有多空判讀的意義。

　　舉例來說，2018年6月4日的「新日光」（3576，見圖1-2），它的最低點是11.55，6月5日的最高點是11.5。在這前後兩天的最低、最高價格之間，沒有重疊，也沒有成交，這就是「跳空」，而且是從11.55直接下墜到11.5以下！這表示情況非常不妙。這個缺口，很明顯是一個「下降缺口」。想要做多，就得小心！

缺口是否回補，關係著行情的判讀

　　股價的趨勢，只有上漲、下跌、盤整等三種。如前述「新日光」（3576）在2018年6月4日的最低價11.55，就是「缺口的上緣」；6月5日最高價11.5，就是「缺口的下緣」。在此一下降趨勢中，如果11.5被觸及或越過，就是缺口被「回補」。一旦缺口被回補，股價往上的機會大增；如果趨勢往下，缺口通常不會被回補；至於盤整的行情，所有的缺口都會被回補。

　　我們利用缺口的理論，可以判斷股價可能的轉變方向，因而「缺口」非常值得注意。此外，從型態學來說，「島狀反轉」也與缺口有關，所以我們特別要記住兩個缺口「上緣」和「下緣」的價位，並觀察是否回補，以便預判股價的走勢。

圖 1-1 左為向上跳空的缺口，右為向下跳空的缺口。

圖 1-2 以「新日光」（3576）為例，說明缺口的上下緣。

掌聲不斷，散戶最容易賺錢的門道

　　不論當沖交易、波段操作或長期投資，K線經常都會出現「缺口」。股價跳空，就如同「急行軍」，接下來的不是「急漲」，就是「急跌」。向上突破缺口，就是漲勢，也是後來股價拉回時的支撐區；向下跌破缺口，就是跌勢，也是後來反彈的壓力區。

　　缺口可分為「普通」、「突破」、「逃逸」、「竭盡」等四種缺口。但是，普通缺口卻沒什麼特別意義，也無助於多空判讀。它只在盤整的行情中，載浮載沉、隨波逐流，完全沒有預測股價變化的能力。比較有意義的缺口只有三種：突破缺口、逃逸缺口、竭盡缺口。

　　在多頭市場中，底部與頭部之間，通常有三個缺口。由下往上看，依序是起始缺口、中繼缺口、竭盡缺口，合稱為「上升三缺口」。在空頭市場中，頭部與底部之間，通常也有三個缺口。由上往下看，依序是起跌缺口、逃逸缺口、竭盡缺口，合稱為「下降三缺口」。其中，中繼缺口或逃逸缺口，也叫做「測量缺口」，因為可以測量多頭漲勢或空頭跌勢的可能幅度。（見圖2-1）

📊🔍 三步併作兩步走，缺口多半伴隨漲停板出現

　　當股價開始上攻時，通常都有一段「潛伏期」。這段潛伏期的長短，就看有沒有大主力進場。大主力進場，好戲就開鑼了，不但突破前面的均線糾結狀態，還會向上跳空、「三步併作兩步」走。這時，就展現出跳空缺口的威力！

　　請看圖2-2，「合機」（1618）一旦主力發功，通常就會出現很多漲停板，形成初升段，這就是「起始缺口」；接下來，股價一直「高過前高、低不破前低」地往上攻堅，有一段非常美妙的主升段，後來更出現一個向上跳空的缺口，叫做「中繼缺口」，意思是「行情持續」、「更上一層樓」。接著，在抵達頂峰之前，就像馬拉松賽選手都會來個「最後的衝刺」，直到精疲力竭。所以這時的跳空缺口，就叫做「竭盡缺口」。

圖2-1 股市起浮，不但有「上升三缺口」，也有「下降三缺口」。

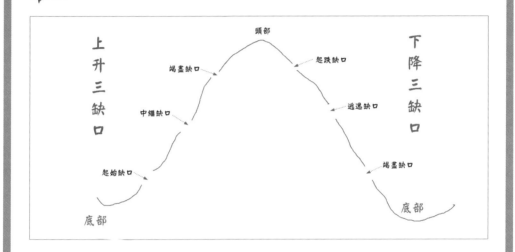

圖2-2 起始、中繼、竭盡，是股價漲聲中的三缺口。

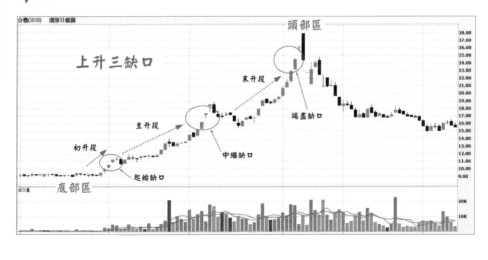

主力出貨，股價逃亡三部曲

「合機」曾經是一檔被多位主力炒作過的真實案例。「古董張」炒作這檔股票，至少賺了一億元。在他賣出持股之後，股價仍衝到更高點。但因位在高檔，沒有買盤支撐，不久就慢慢反轉而下。所謂「股價怎麼上去，就怎麼下來」，被炒作的股票在高點結束之後的第二天，就是一個明顯的大跳空！歷經「起跌缺口」、「逃逸缺口」、「竭盡缺口」三個下降缺口之後，股價就又回到了原點。（見圖3-1）

🔍 下降波三缺口，也可能夾雜10個普通缺口

請看圖3-2，在「晶電」（2448）的日線圖來看，除了已標示之處，是明顯的「起始缺口」、「逃逸缺口」、「竭盡缺口」之外，其餘的跳空缺口全是「普通缺口」。這檔股票在下跌的過程中，「下降三缺口」並非都有相等的距離。原因是中間夾雜有太多的普通缺口。

我們來看圖中的❶，就是一個普通缺口，其上緣價格為48.6，下緣價格為48.25，中間雖然也沒有成交價格，但它的缺口不久就被封閉了，所以它身處於盤整行情中，只能成為一個普通缺口，不會對走勢變化有重大影響。其次，我們看圖中的❷，其上緣價格為49.6，下緣價格為47.45，它也是一個普通缺口。接下來的❸，其上緣價格為52.5，下緣價格為51.4，它也是一個普通缺口。至於❹，其上緣價格為52.3，下緣價格為50.6，它也是一個普通缺口。還有❺，其上緣價格為48.9，下緣價格為48.5，❻上緣價格為46.85，下緣價格為46.55，❼上緣價格為46.7，下緣價格為46.55，❽上緣價格為49，下緣價格為47.75，❾上緣價格為43.3，下緣價格為42.75，❿上緣價格為43.35，下緣價格為42.9。

為什麼特別提到上、下緣的價格呢？因為它是最有用的指標了。它涉及到缺口的價格是否被回補（封閉）以及支撐、壓力的課題。如果上下緣是同一個成交價呢？那就不算是一個缺口了。因為不合於「中間沒有成交價」的缺口定義。

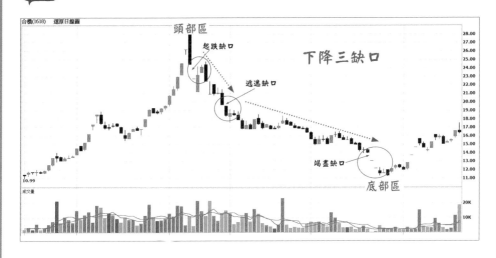

圖3-1 「合機」（1618）在頭部與底部區之間，有很明顯的三個「下降缺口」。

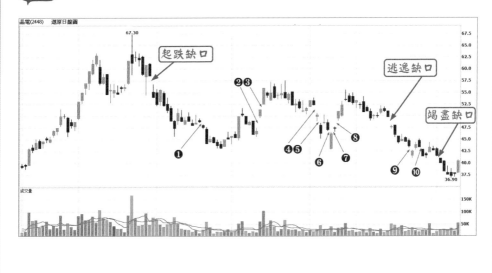

圖3-2 「晶電」（2448）在下降三缺口之間，夾雜了10個普通缺口。

多方的起始缺口

一季飆4倍的撼訊，是怎麼發動的？

2018年初，由於比特幣概念股的興起，「撼訊」（6150）不斷地發飆，終至成為一檔「妖股」。請看圖4-1，在這張圖上，可以發現它由低點65.5元飆到高點420元，短短4個多月，漲幅高達6.41倍。不是妖股是什麼？

「撼訊」所以會成為一檔令人難忘的飆股，是因為在飆漲過程中，充滿了「攻擊K線」，這是飆股型態的特徵。前文說過，在多頭市場有起始、中繼、竭盡等三個缺口。但是，撼訊的「起始缺口」，卻並不只由一個「一字型」的跳空漲停板所構成，而是包含了連續數個跳空的漲停。它的「中繼缺口」亦是如此。

圖4-1是從遠處觀察「撼訊」的日線圖情況，而圖4-2則是把它在飆漲之前的線型拉近、放大來看。圖4-2就是我們要深入剖析的「多方起始缺口」。可惜當時的行情還比較冷淡，一般散戶不容易並及早介入，而是到了不斷拉抬、漲停的高檔超熱行情中，才心癢癢地渴望搭個便車。然而，既是高檔，風險性就高了，很可能是「死亡之旅」的便車呢！

📊 頻頻出現攻擊K線，不可等閒視之

在「撼訊」的多方起始缺口出現之前，通常都有幾個月的潛伏期，也就是盤整行情。我們把這糾結不清的線型，依最高和最低點畫一個框（見圖4-2），可以發現這個框內的最近行情（在框內最右邊）已改變了慣性，有點脫軌而出的感覺，是吧？尤其到了❶的位置，一度來到頂點，當它衝高又滑下來的時候，量縮了兩天，來到了❷的位置，接著❸就真的以「向上跳空」之姿，突破了❶的高點！這樣的過程，是不是像出拳之前，先把拳頭收回來，再重重出擊？沒錯，這個「一字型」的漲停板，就是關鍵所在。它昭告天下：「我要飆了！」最後的贏家就是聽得懂它的知音。

果然，❸❹❺❻連續4個跳空漲停，開啟了大多頭的行情。這樣富於啟示性的攻擊K線，非常值得我們的深思。

圖4-1 從遠處縮小觀察「撼訊」飆漲過程的日線圖情況。

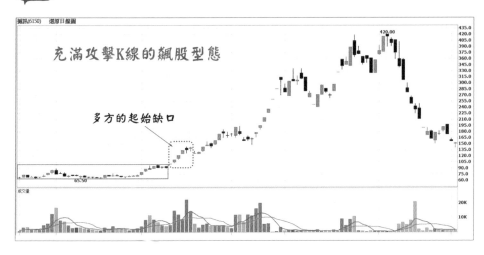

圖4-2 從近處放大觀察「撼訊」飆漲初期的日線圖情況。

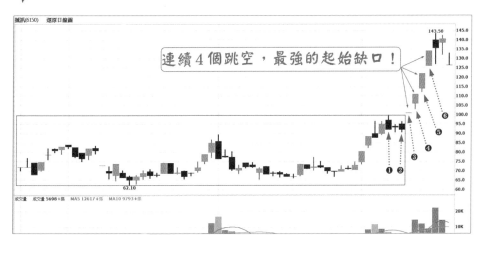

05 多方的中繼缺口

為「昱晶」最佳買點，曾寫下三篇研究報告

2015年台股氣氛嚴峻，8月25日國安基金御駕親征，股民仍心中忐忑，不敢進場。10月16日星期五，我發現「昱晶」是個好買點，就在周末寫了一篇「昱晶」分析報告，用「群發信」的方式，從E-mail傳給我當時為數不多的建檔讀者，推薦「昱晶」。我純粹是好意，想要回饋忠誠粉絲罷了。憑那幾個讀者，實在也構不成喊盤或炒作行情。

請看圖5-1，❶是國安基金進場的日子。❷和❸之間，有個跳空缺口，我認為就是上升波「中繼缺口」的突破點。我的研究報告寫得很深入，並非只見一個跳空缺口＋漲停板，就草率斷定。我的報告從「石化燃料生產成本」談到「昱晶」的營收，以及技術面的優勢，並提到「第9屆台灣國際太陽能光電展」（2015年10月14日登場），預期此一產業可維持高度成長。

散戶若不懂K線，難免追高殺低

不料，我的報告在星期六發出，大部分讀者星期一見到股價「不怎麼樣」（見❹，是個小十字線型），回報的讀者稀稀落落，有來往的粉絲也只買一兩張，倒像是在捧捧我的場。我只好再發出第二篇研究報告，告知這是進貨良機，尤其強調這是量縮價穩的「中繼型態」，鼓勵買進。

請見❺，星期二股價突然發動，拉漲停。於是開始有人跺腳，「啊，買不到了！」更多的粉絲開始問「已經漲停了，還能不能追？」這時大家才回頭去看我的報告，也從此學到了「長紅之後，價穩量縮收十字」，其實是可以逢低買進；漏掉❸的長紅，可能是信心不足；再漏掉❺的長紅，只能說是無知了。

見圖5-2，在❶❷之間，其實已是個缺口了，但因價量表現都不如❸❹之間的缺口，所以長紅那天較適合買進。更重要的是，該圖框起來的部分，可見主力已經進場。我為了追蹤當時的「昱晶」曾寫下三大篇報告，現在的讀者對類似的交易機會都比較「有感覺」了。

圖5-1 「昱晶」的上升波中繼缺口的買點在**❸**的位置。

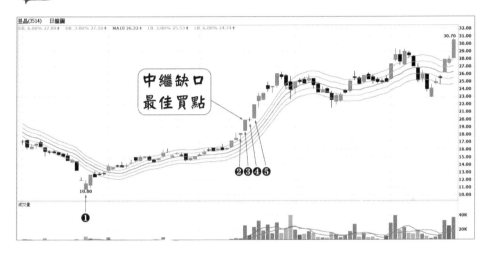

圖5-2 在「昱晶」最佳買點出現之前,主力其實已經介入了。

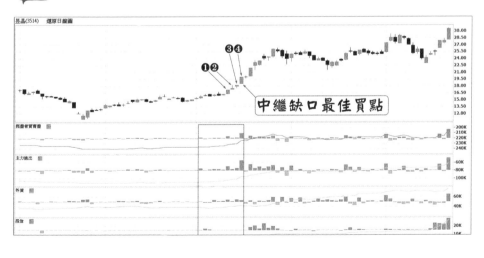

多方的竭盡缺口

如何判斷多方的劫數，是否已經來到？

我的早期朋友中，有很多後來都擔任了投顧老師，由於要帶領會員進出股市，所以也算是第一線的實戰專家。我記得有一位老手某次和我談論到一檔個股，說到最後，說不過我了，突然動氣，指著我說：「你只會玩短線！」我當時發現自己說話太犀利了，冒犯了他。沒想到他嚴重套牢的股票，竟然解釋為他長於長線投資，而陷我於「只會玩短線」之不義。我是個長於溝通的人，立刻把話題轉移、把場面轉圜，讓雙方都好下台。

其實，這位老朋友是看錯了我。我一向是以波段為主的。我也常告知學生，當沖、隔日沖只是練功力，真正能賺快錢的應是波段操作。看長作短，是最佳投資模式；看長作長，只是無暇處理股票者不得已的做法。只要有心，上班族一樣能在盤後看盤，並選擇時機進出場。

另一方面，我覺得那位投顧朋友投資邏輯有問題：好比一個使用短刀就能制伏長劍的對手，你覺得誰比較厲害？

📊🔍 從貫穿線到多頭吞噬，K線會說話

無法看盤的人，仍有必要懂K線的意義。尤其上班族最擔心的是買進一檔股票之後，不知道何時出場。見圖6-1，我在2018年5月28日買進「九豪」（6127）的同時，就分享了「天龍特攻隊」群組的群友。沒想到它用連續跳空的方式，一口氣連飆了5根漲停，跟進的人都不知道是否該下車了？沒跟上者也不知是否可以繼續追進？換句話說，多方的竭盡缺口到了沒有？而我到了6月4日仍然沒有賣出，所以我在群組裡說，我還沒賣，因為已經形成「貫穿線」了（見圖6-1）。

當我發訊息時，價格只到35.2，可是接下來沒多久，它來到36.7，我又發出它的日線圖（見圖6-2）來說明，九豪這時已經形成最強的「多頭吞噬」型態了！這表示更不用賣了。後來「九豪」股價的發展果然到48.7才下來。由此可見K線是多麼能夠幫助我們的判讀啊！

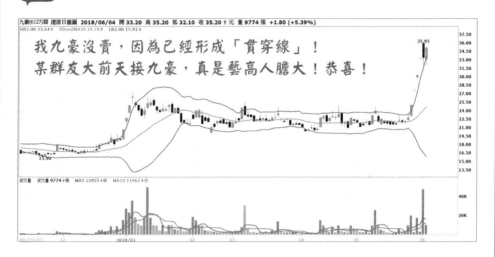

圖6-1 2018年6月4日，我在「天龍特攻隊」群組第一次分享技術分析觀點：貫穿線。

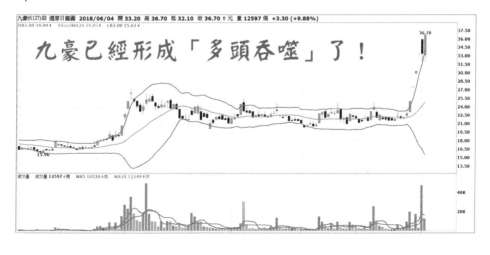

圖6-2 2018年6月4日，我在「天龍特攻隊」群組第二次分享技術分析觀點：多頭吞噬。

07 空方的起跌缺口

如何在第一時間發現飆股的繁華褪去？

　　現代資訊發達，在投資股票方面，稍有經驗的人都知道，不論是臉書、LINE或網站，都有很多社團或群可以參加，更多的是投顧老師所布下的LINE@天羅地網，由於免費的資源很多，新手為了省錢，多半到處參加，以便讀取免費明牌，偶而真的也可以搭上飆股的列車。問題是：這些吸引你的訊息，多半是「帶進不帶出」的。偏偏「會買的只是徒弟，會賣的才是師父」！那麼如何可以在「起跌缺口」就找到賣出或放空點呢？如何在飆股一轉弱的時候就下車而不受傷？

　　請看圖7-1，「越峰」（8121）就是一檔主力股色彩濃厚的股票。當我們發現它從低檔區來到高處、漲幅已經3.3倍時，還能追嗎？這是需要考慮的風險性問題。當它的線型彎下來的時候，第一個「長黑」就是一記警鐘。想想看，主力怎麼可能讓自己的股票出現大長黑呢？尤其在❶❷之間，出現了一個下跌的缺口，這就是空方的起跌缺口。怎麼判斷呢？❶的低點與❷的高點之間，完全沒有成交價格，如果短期內這個缺口一直沒有被填補，那就確定是「空方的起跌缺口」了！

📊 事先洞悉股價來到高點的方法

　　為了不要在跌的時候，才找逃生路，我們能否在事先注意可能的警訊，及早準備呢？也是可以的。請看圖7-2，我們從日線圖的第一個箭頭K線（即2017年10月5日）看起，它在連續的4天中，漲幅是一天比一天小。詳細地說，第一天漲幅是9.94%，第二天的漲幅就縮小成7.66%，第三天更縮小到6.75%，第4天更縮小為6.5%了。如此日漸縮小的漲幅說明買盤已經不濟了。

　　接下來，我們如果從股價高處往下看它的成交量，可以發現它和股價是呈現「價量背離」的。最後一個理由就是在圖7-2的黃色區塊裡，我們發現這4根K線已形成「夜空雙星」的作空K線了。這在本書的「作空的實戰圖譜」篇幅，還會詳加舉例說明。

圖7-1 「越峰」(8121)漲幅3.3倍之後，第一個向下跳空缺口，開啟了一大段跌勢。

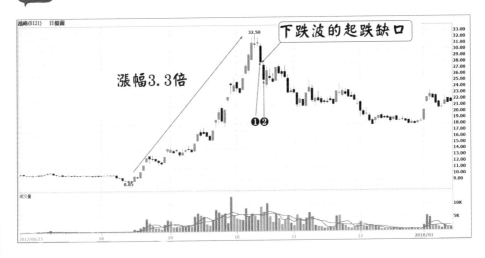

圖7-2 「越峰」(8121)形成起跌缺口之前，有許多徵兆可以發現。

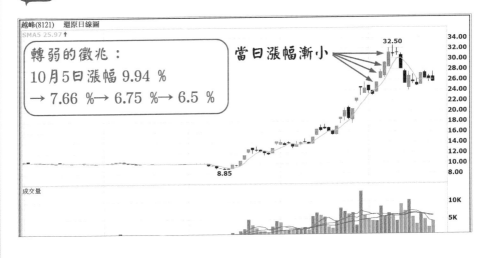

空方的逃逸缺口

如何在下跌過程，偵知主力出場了沒有？

在一段大多頭行情的股票繁華褪去之後，如果能及時逃出下跌波，當然是最理想的。但是有些人工作太忙或無暇看盤，常常因持股太多而慘賠。那怎麼辦呢？只有等反彈時出掉股票了！不過，也有人凹單太過火，最後眼見股價反彈卻又燃起了希望之火，企圖賣更高，繼續凹單，而最終失去了逃脫的機會。

所謂「空方的逃逸缺口」是要我們迅速逃逸的意思，而不該搶反彈。我們以「青雲」（5386）為例，請看圖8-1，當它從31.5的低點，來到120的高點，已經漲幅3.8倍了。在這過程中，有事沒事就來個漲停，很容易引起幻想，以為可以搶搭特快車，殊不知，「樹再高，也長不到天上去」，隨時都可能栽下來而天天跌停板！這種風險你承受得了嗎？

📊🔍 配合籌碼研究，可使你判斷更精準

圖8-1的❶是最高點，❷是往下的第一個跳空跌停板，也就是「空方的起跌缺口」。在它連續跌停之後，沒出掉股票的人非常悲慘。當股價止跌之後，什麼時候收復江山呢？當然是要填補❶和❷之間的缺口，才能反敗為勝了！而從它的日線圖來看，可以發現它反彈到❸的位置時，原本充滿了希望，尤其❹的盤中高點更越過了❷的位置，可惜功敗垂成，收盤又跌落了圖中的虛線之下。❹和❺之間的缺口，就叫做「空方的逃逸缺口」。再觀察下去，短期內就沒有機會填補缺口了。股價勢必「江河日下」，跌跌不休了！

如何知道主力退場了沒有？長期的經驗告訴我，主力並非一個人，而是一群人。所有的主力也不是和我們想像的那麼精準，有時也是在跌下來的反彈波中才「逃逸」成功的。請看圖8-2，根據我對「青雲」的研究，主力在漲勢中買最多的幾位大戶，在「空方的起跌缺口」之前，全部已在「賣超排行榜」的前幾名了。這時，我們如果再不逃逸，那你在「籌碼面」的分數就不及格了！

圖8-1 以「青雲」（5386），說明「空方的逃逸缺口」的位置所在。

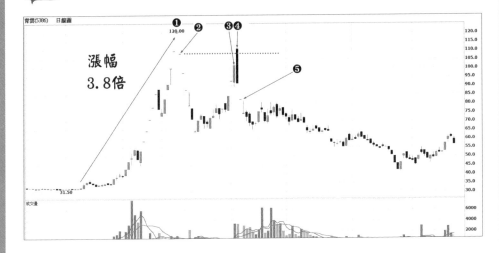

圖8-2 當初炒作「青雲」的主力群，全部都在「賣超排行榜」中了。

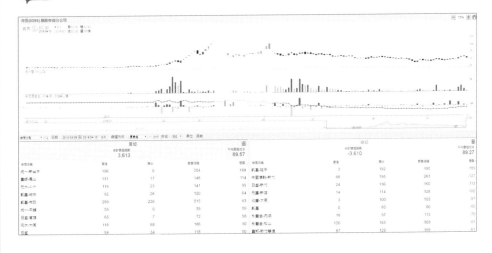

空方的竭盡缺口

如何知道股價跌得差不多，可以準備進場？

　　K線的原理，是來自多空力量的拉鋸。在下降波中，經過了起跌缺口、逃逸缺口之後，空方的力量「山窮水盡」、即將由空轉多時，就會出現「竭盡缺口」。記住！這個「即將」兩個字特別重要！因為竭盡缺口不代表「反轉訊號」，而是「即將」產生反轉。一般來說，竭盡缺口的發生，代表原來的走勢將會改變。這時候應該暫時出場觀望，空方最好把空單先行回補以防不測，因為後續有反轉的可能。如不重視，也許就會被軋空了！

　　竭盡缺口是空方由盛而衰的徵兆，在下跌波中，它通常是發生在快速的跌勢中。至於「空方的竭盡缺口」何時會出現？通常可以用前一個缺口——也就是逃逸缺口來加以測量。最簡單的方法，就是用逃逸缺口的位置作為股價走勢的中點，來計算整個趨勢的長度。也就是逃逸缺口延伸一倍左右。其次，如果當天的成交量爆出不尋常的巨量，很可能是融資斷頭的額子殺出來。

📊 空頭山窮水盡，常見一日內反轉

　　「空方的竭盡缺口」如何確認？要看它是否被填補。有時，竭盡缺口會有「單日反轉」的現象。這對於空頭來說，是更弱勢的格局，因為它蘊藏著一個由空轉多的「島狀反轉」型態，那是主力強力運作的結果，或有特殊重大的利多支撐所造成的。

　　我們來看圖9-1，這是一張加權指數的日線圖，❶和❷之間，就是一個竭盡缺口，因為前兩天已有一根大量長黑的K線，顯示斷頭融資殺出，到此空方力道衰竭，導致「單日」的島狀反轉形成，股價就扶搖直上了。❸和❹、❺和❻之間的缺口，也顯示股價已經跌夠了，再殺下去就過分了！空頭必須「見好就收」，才能保住晚節。再看圖9-2，以「台嘉碩」（3221）為例，❶和❷之間，就是一個竭盡缺口。❸是指伴有大量，疑是斷頭融資殺出的結果。不久❹、❺之間的缺口出現，股價就沒有低點了。

圖 9-1 以加權指數為例，在趨勢反轉之前，通常都會有「空方的竭盡缺口」出現。

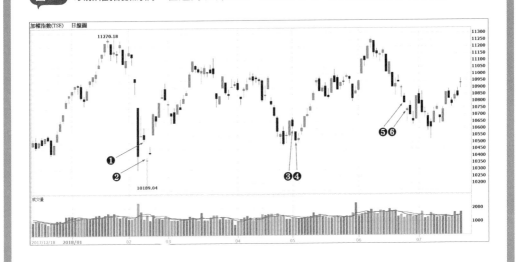

圖 9-2 以「台嘉碩」（3221）為例，竭盡缺口常伴有大量，可能是斷頭融資殺出的結果。

10 未來漲跌幅揣測

如何預測股價可能的漲跌空間？

　　股價未來會走到哪裡？預測並不容易。筆者一向教學生「且戰且走、隨機應變」，無需摸頭或抄底，因為股市是瞬息萬變的。我們得不斷練習「非定向靶」，才有辦法打贏這場仗。

　　K線的運用與黃金切割率、費波南希係數、葛蘭碧八大法則……等，都有關連。當我們隨著盤勢修正看法與操作時，可以發現：股價走勢不一定按照一定的法則前進。既然如此，又何必迷信它呢？我們只能從某一個股在漲跌之後，來到漲跌幅的0.382、0.5或0.618，來判斷股價算是強勢抑弱勢。得知強勢，就有強勢的應對之策；弱勢，也有弱勢的對策，如此而已。有時覺得「時間的轉折」或許比較準。它是根據一串神奇數列，即：1，1，2，3，5，8，13，21，34……類推而得。在時間的轉折上，也常有操盤手用這些黃金數字來作「時間轉折」的參考。筆者過去就曾多次發現投信於某些股票漲停後，在休息八天後再拉漲停板的記錄。這個「8」天就是神奇的時間轉折。

隨機測量，只作壓力與支撐的參考

　　儘管如此，K線也未嘗沒有比較可信的漲跌幅滿足點計算方法。就以常見的W型底或M型頂來說，一旦跌破頸線，可能就是延伸一倍的幅度。其他的型態也一樣可以約略推估。我們前面說過，在「多方的中繼缺口」、「空方的逃逸缺口」兩種來說，它們都可以稱為「測量缺口」，因為它可能就是延伸一倍的長度，從「多方的起始缺口」、「空方的起跌缺口」到達「多方的竭盡缺口」或「空方的竭盡缺口」，「測量缺口」通常就是在中點位置。

　　請看圖10-1，我們從5日線的型態，可以看出「新保」（9925）W底上下價位約是38.5-37.85=0.65的價差，所以一經突破38.5，滿足點就在39.15。再看圖10-2，在明顯的M頭，我們可以測出26.85-19.65=7.2的價差，所以一經跌破19.65的頸線，往下的滿足點就約略在12.45。

圖10-1 以「新保」（9925）為例，說明 W 底產生後，突破頸線可能的上漲空間。

圖10-2 以「晶宏」（3141）為例，說明 M 頭產生後，跌破頸線可能的下跌空間。

大陰陽線的光頭和光腳，是什麼意思？

　　K線，有點像蠟燭，所以又叫「蠟燭線」；因有暗黑色K線、太陽般紅色K線，於是也叫做「陰陽線」。初學者常奇怪，為何有的書上寫「三紅兵」，有的書上卻寫「三白兵」？因為那是黑白印刷的書，無法分辨紅黑色，只好以白色來取代紅色。其實名詞並不重要，我們要了解的是它的細節和實質內容。用語不統一無所謂，您可以把它當成「譯名不同」來理解。否則有人說「三紅兵」，也有的人說「紅三兵」，是不是也該懷疑校對有誤？

　　學K線，最先要知道一些基本概念。請看圖11-1，左邊是陽線和陰線在「開盤價、最高價、最低價、收盤價」這4個價位的表現方式。在紅色、黑色實體的部分，就叫做「實體」；蠟燭上下的細線，稱為上、下影線。再看圖的右邊，有兩根沒有上、下影線的K線。沒有上影線的叫做「光頭陽線」；沒有下影線的，叫做「光腳陽線」。陰線也可類推，分別稱為「光頭陰線」和「光腳陰線」。

長紅或長黑的概念，依股性可作不同理解

　　不論有沒有上下影線，K線的長度很重要。越長，代表股價波動越大。如果沒有上、下影線，而實體又很長，代表「大漲」或「大跌」，行情非常篤定。也就是我們常說的長紅或長黑，或稱大陽線、大陰線。

　　大陽線或大陰線的規格，在目前漲跌幅限制為10%的情況下，大約開盤價與收盤價的距離在5%以上的，我們才叫做「大陽線」或「大陰線」。不過，我們在觀察日、週、月線圖時，不能光看蠟燭長不長，因為有些大型股股性就是比較溫吞，您看它似乎是長紅或長黑，其實漲跌幅都不大。我們仍宜實際上去查價。舉例來說，圖11-2，台積電日線圖❶漲幅只有1.99%。❷漲幅只有2.2%。❸跌幅只有-1.15%。❹跌幅只有-1.41%，可是它卻是波動比較大的日子。可見一檔股票「長紅、長黑」的觀念是相對的，而不是絕對的。

圖11-1 K線在「開盤價、最高價、最低價、收盤價」這4個價位K線上的表現方式。

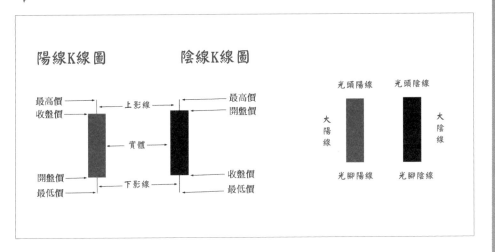

圖11-2 台積電在日線圖上呈現的「長紅、長黑」，其實漲跌幅都不大。

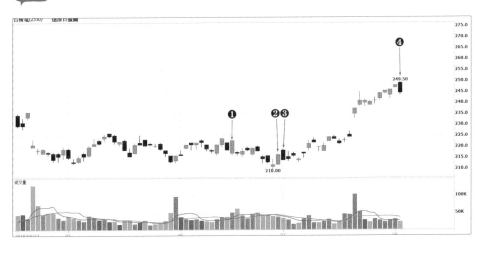

12 中陰陽線基本規格

緊盯著漲停，不如連續漲不停！

　　中陰陽線，指的是「中紅、中黑」。其中的規格很難畫分，較常見的反而是「中長紅」或「中小紅」。根據筆者的研究，中紅應界定在漲跌幅2%以上，到6%、7%左右。漲跌幅8%以上，就很容易漲停或跌停。

　　中紅或中黑，通常比較好觀察技術指標的可能變化，因為它有上漲或下跌的空間。而「長紅、長黑」，卻有如來到顛峰，下一步該如何走，反而不容易推斷。很多股票一旦漲停，所有技術指標都不必看了，因為全部都變好了，你很難看出有什麼差別。這種情況就好像一個公司開會，高層主管有不同的意見，還可以討論一下，但是當大老闆開口說話了，大家只有一個結論，很難再有置喙的餘地。例如圖12-1，當「天剛」（5310）漲停板時，每一種技術指標都呈現最好的情況。KD通常鈍化了、RSI也攻上80了、MACD也在0軸之上、威廉指標也一定是0。但是，已連續2個漲停了，您知道接下來的必然走勢嗎？

大型股步步為營，容易走得長、走得遠

　　另一方面，股價拉漲停，依目前台股的風氣，很多都是隔日沖大戶的陰謀，他今天買漲停，明天就利用你要進場時，把貨倒給你。所以，看到長紅，你不能不先研究一下籌碼，提防上當。而中長紅的股票卻不一樣，它有前進的動能，又有上漲的空間。尤其在低檔區，很多大型股票都是以中陰陽線大舉進攻，雖然沒有漲停板，卻是一直漲不停。這種股票才具有潛力，可以走得更長遠。

　　請看圖12-2，「華航」（2610）是一檔大型股，它的股本大約547億。當它連續量縮橫盤幾個月之後，只要股價突破近幾個月的高點，同時爆量上漲，往往有一大波段漲幅可期。圖中的❶❷❸❹❺，漲幅分別是：4.28%、4.21%、3.45%、6.67%、3.57%，連續5天的漲幅，都屬於「中紅」的格局，可是它卻在短短一個月內漲不停，最終股價由9.74元慢慢攻到13.4元。威力甚為驚人！

圖**12-1** 當一檔股票漲停板時，每一種技術指標都呈現最好的情況。

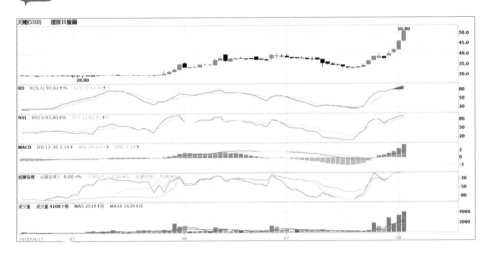

圖**12-2** 「華航」（2610）是一檔大型股，利用中長紅推動股價，也可以很快達到高點。

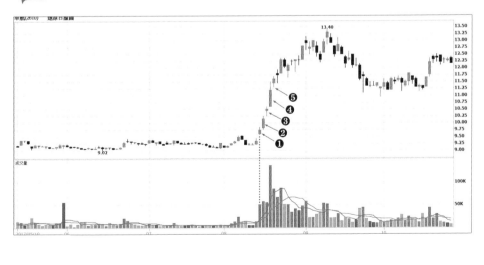

13 小陰陽線基本規格

小紅小黑，戲棚蹲久了會有驚喜

　　中國大陸有一部網路長篇小說《小兵傳奇》，在文學網站上點擊率居高不下。它雖然是科幻作品，不過，卻寫得非常深刻。故事的主人翁是天性開朗的富家子弟唐龍，在高中畢業後陰錯陽差地參了軍，以一個小兵的身分崛起於混沌的宇宙中，從此展開了絢麗的人生傳奇。經過多次大戰統一了無亂星系，再以無亂星系為基礎，統一了宇宙。這是一個「小兵立大功」的故事。在Ｋ線圖中，也有一群「小兵立大功」的傳奇。只要是股價在橫盤的過程中，量縮價穩，總有一天會出現一個突破的長紅！

　　小陰陽線，就是「小紅」或「小黑」的線型。它的實體非常小，長度通常小於2%的漲跌幅。如果是多頭行情，顯示多頭的氣勢雖在，但並不是很強；如果是空頭的行情，顯然有些陰霾，但也不致造成恐慌！

📊 有錢人比較懂得「卡位」式的投資術

　　請看圖13-1，「第一銅」（2009）的還原日線圖中，❶是由13根小紅、小黑的Ｋ線構成。它們的價格都在9.9元到10.25元之間，如果用均線的觀念來看它們，必然是一個糾結線型的組合，其間的糾結幅度可能在1-2%以內。這是一段容易讓人失望的行情，缺乏耐心的投資人會因股價既不漲也不跌，而放棄等待、把它賣出。沒想到賣出之後，卻迎來了❷這個長紅！所以，在這過程中，有時是由於投資人過於情緒化，有時是由於不曾有「小兵可能立大功」的經驗。所以，才會輕易把它賣掉。

　　再看第二個例子，圖13-2中的❶也是一串小紅、小黑的Ｋ線組合，它更多達27個交易日，願意等待行情突破的投資人並不多，通常散戶都會因久盤不耐而殺出持股。不料，殺出之後，出現了❷的長紅，令他跺腳惋惜不已！這是主力大戶與散戶的不同之處，前者有資金，比較肯在這種情況下先行卡位，終於吃到長紅。散戶缺錢孔急、不願等待，最後就難免成為輸家。

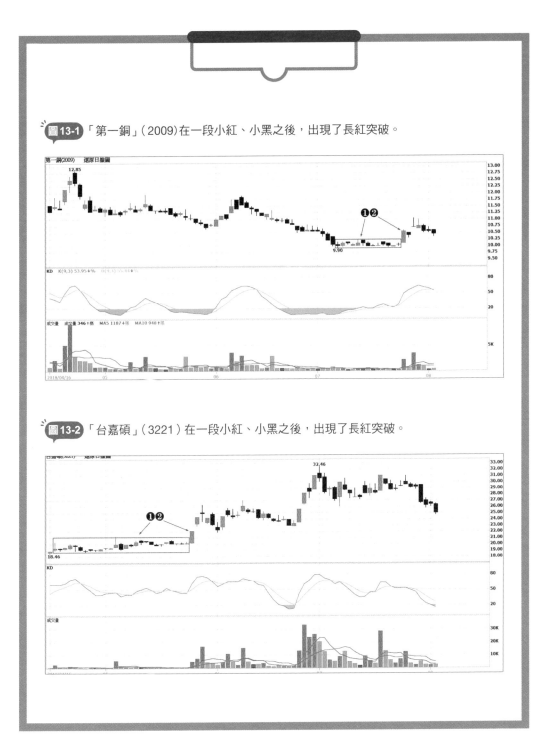

🔅 **圖13-1** 「第一銅」（2009）在一段小紅、小黑之後，出現了長紅突破。

🔅 **圖13-2** 「台嘉碩」（3221）在一段小紅、小黑之後，出現了長紅突破。

5 種單一 K 線，是「止跌訊號」

在空頭行情中，常有人因為抱了滿手的股票而慘賠。賣了就賠錢，不賣也續跌，真是痛苦萬分，那麼何時出現轉機？何時可以不再擔驚受怕呢？要想安下心來，那就必須懂得什麼是「止跌訊號」。

在本書中，有不少「多根 K 線」的線型組合，會對習於「多頭操作」的你有利。此處先以單一 K 線來說明，什麼樣的 K 線特徵會來「挺你」？我想，至少有「長紅線」、「長下影線的十字線（長腳十字）」、「蜻蜓十字」、「鎚子線」、「倒鎚線」等 5 種 K 線，可為代表。請看圖 14-1，就是這些 K 線的長相。

🔍 K 線位置，會改變多空判讀結果

「長紅線」在趨勢下跌中，是投資人一大恩物。它可能會帶動行情的反轉。尤其是強而有力的漲停板，只要不是「隔日沖大戶」（今天買漲停，明天就出貨）的手筆，次日繼續上漲的可能性極大。

其次，會挺你的「止跌訊號」，通常來自長長的下影線。因為它代表了「支撐」的力量。下影線越長越好！下影線長於上影線的十字線，因「收盤價」收在「高點」（或上方），稱為「長腳十字線」。如果在低檔，出現長腳十字線，表示多方承接有力，後市看好。如果出現在下跌波段的末期，有可能是多方發動攻擊的前兆。此外，和「長腳十字線」很像的「蜻蜓十字線」，開盤價、最高價與收盤價都在同一價位，而且留有長下影線的「丁字線」，所以也有很強大的支撐作用。此外，「鎚子線」和「倒鎚線」外貌是顛倒的，卻也有異曲同工的止跌作用。

不過，要注意的是，K 線所在的位置對於訊息的判讀很有關係。請看圖 14-2，❶和❷同樣是鎚子線，可是前者是在上升波的高檔，後者是在下跌波的低檔，兩者的意義就大不相同了。前者又叫「吊人線」，會吊死在高處；後者好像釘樁一樣，地基紮實，不僅可以止跌，上攻的機會也不小。

圖14-1 長紅線、長腳十字、蜻蜓十字、鎚子線、倒鎚線，是止跌訊號。

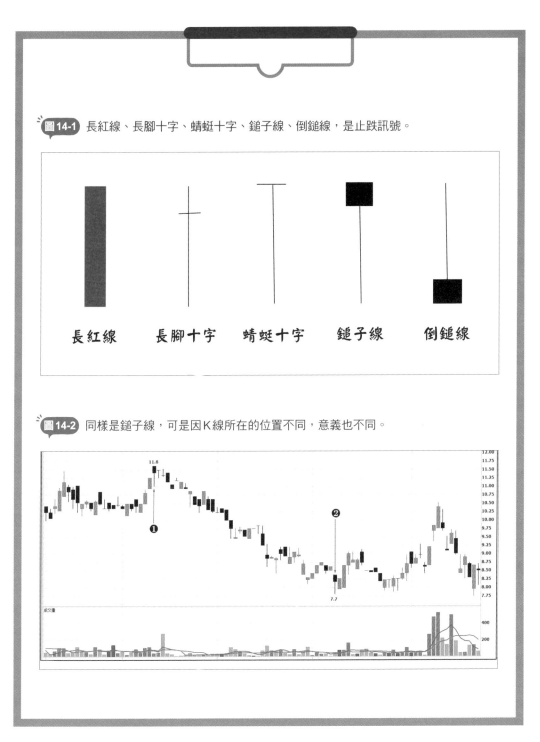

長紅線　　　長腳十字　　　蜻蜓十字　　　鎚子線　　　倒鎚線

圖14-2 同樣是鎚子線，可是因K線所在的位置不同，意義也不同。

15 會傷你的 K 線特徵

5 種單一 K 線，是「止漲訊號」

在多頭行情中，當有人賺得盆滿鉢滿、如魚得水的時候，總該居安思危吧！可惜人性是貪婪的，懂得見好就收的人總是少數。不過，線型變糟倒好，反而容易有所警覺。例如當紅線突然變黑，作多的投資人臉色也就變綠了。沒錯，我們現在要來研究一下，什麼樣的 K 線特徵，會讓你荷包受傷？那就必須懂得什麼是「止漲訊號」。

基本的「止漲訊號」，請看圖 15-1，至少有「長黑線」、「流星線」、「墓碑十字」、「天劍線」、「吊人線」等 5 種。如黑夜般的長黑、流星鎚似的流星線、扯到墳墓的墓碑十字、殺氣騰騰的天劍、會吊死人的吊人線，顧名思義，聽起來都很恐怖。至於「一字型」的 K 線，多半出現在跳空向上或向下，所以只有一半的機率（向下跳空的一字線）是「止漲訊號」。

從 5 分鐘線走勢，分辨是吊人線還是鎚子線

我們以實戰為例。請看圖 15-2，這是「大中」（6435）的「5 分鐘圖」，因為我們要看它 2018 年 8 月 10 日的走勢，為什麼收跌停呢？因為它的除息日是 2018 年 7 月 24 日，所以一開盤就大跌，並非除權息的問題。可是，它一開盤就出現❶這樣的 K 線，從前一天的相對高度來看，它彷彿是鎚子線；可是經過幾個 5 分鐘的細部觀察之後，我們發現它應該算是「吊人線」，意味著行情會有更低點。

果不期然，我們看❷就是一個「墓碑十字」，非常不吉利。接下來，❸和❹都是流星線，說明賣壓非常大。而在這一天的重要轉折點，卻是❺的長黑。長黑下一根 K 線，也是流星。此一流星開在更低點，使得長黑的轉折更可以確認，尤其在流星的下一根 K 棒還是十字變盤線，暗示著接下來盤整完畢，行情很可能繼續往下。到了❻的位置，又是一根「長黑線」，後來的走勢就江河日下，到了❼的「墓碑十字」，它於是倒地不起，墜入跌停板的萬丈深淵、無法翻身了。

圖**15-1** 基本的「止漲訊號」，至少有「長黑線」、「流星線」、「墓碑十字」、「天劍線」、「吊人線」等五種。

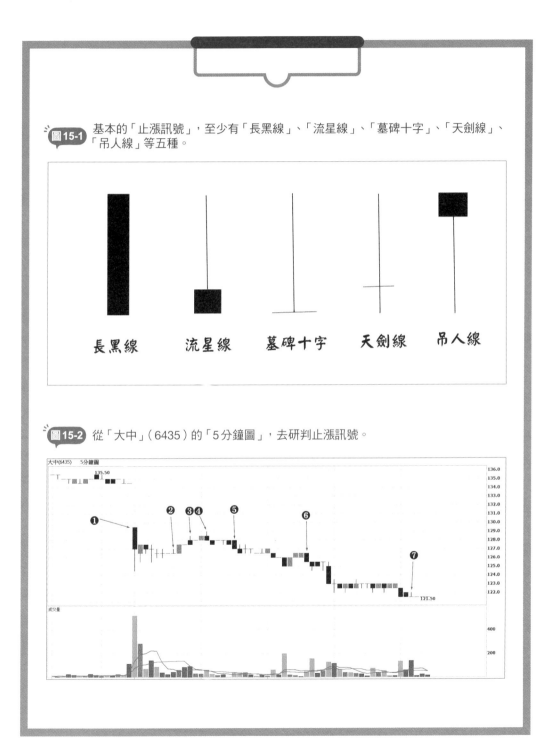

圖**15-2** 從「大中」（6435）的「5分鐘圖」，去研判止漲訊號。

平分秋色的陰陽線

單一K線，不外40種變化球

請看圖16-1，這是筆者整理出來的單一K線可能的40種變化。首先，不論陰線或陽線，都依其長短而有長紅、中紅、小紅、長黑、中黑、小黑之分。流星線或倒鎚線（也叫做「倒狀鎚子」），也依上影線的長短，而有不同但相仿的型態；吊人線或鎚子線（也叫做「鐵鎚線」），則依下影線的長短，而有不同的型態；墓碑十字、蜻蜓十字，也差不多是同樣的情況。

以上所說的是沒有上、下影線的陰陽線，或者是只有上影線、只有下影線的「單邊」K線。至於同時有上、下影線的K線呢？可分為兩種：紡錘線或十字線。紡錘線總共有10種變化，十字線也有5種變化。

📊 出現難分軒輊的陰影線，不要太快下決策

有上、下影線的K線，有什麼可以增加判讀的方法呢？有的。那也是從上、下影線的長短，可以看出多空的消長。例如單一K線圖中的第19、21、25、26、29、30、33，大致都是上、下影線一樣長，這是多空力道平分秋色的象徵，其餘的都各以「比較長的一方佔優勢」。在多空力道的表現時，我們如果仔細去衡量，可以發現出現上、下影線同樣長時，其後的發展常是多空雙方勢均力敵。最好不要立刻選擇買進或賣出的動作，以免誤判。

舉例來說，請看圖16-2，這是譜瑞（4966）的「5分鐘圖」，其中的❶就是一個高點488、低點484且上下影線約略一樣長的「平分秋色」K線。在出現這個K線之後，來到了❷，就是天花板了。❸和❹，是兩個顛倒的K線型態，後者也以488為頭部。❺和❻，也以488為楚河漢界，形成「遭遇戰」，其中前者的高點和後者的低點都是488，這兩條線就形成「遭遇線」（或稱「抵抗線」）。❼也是頭部區。從此圖的兩條藍色虛線來看，多空雙方都難分軒輊。如果太早做出買進或賣出動作，最後可能會後悔。最好還是多觀察一段時間再決定進出。

圖16-1 單一K線總共有40種變化。

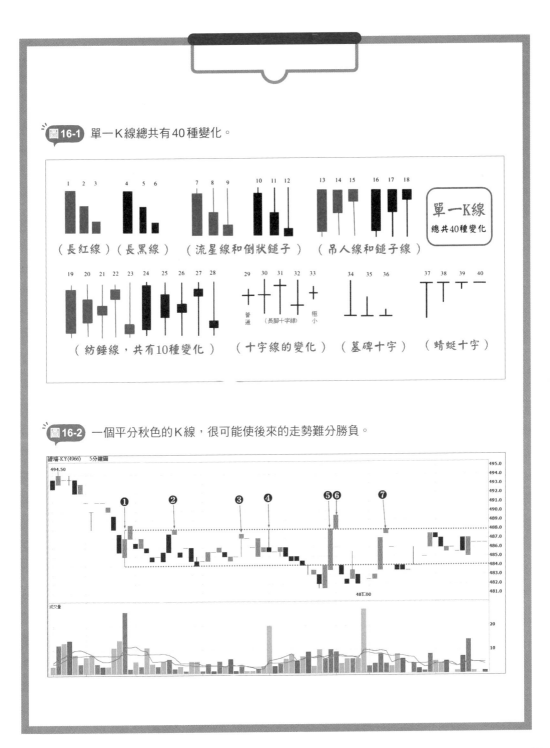

圖16-2 一個平分秋色的K線，很可能使後來的走勢難分勝負。

17 十字型的轉機訊息

變盤十字線，翻臉如翻書

　　坊間有關K線的書很多，曾經有粉絲問筆者：「那個看起來很像十字，又很像紡錘線的K線，為什麼老是被稱為「星」？例如「一星二陽」或「一星二陰」、「母子晨星」或「母子夜星」、「三川晨星」或「三川夜星」、「南方三星」、「夜空雙星」、「破曉雙星」………。

　　我覺得重要的不是背住這些外來語（最早是來自日本）翻譯的名詞，而是要懂得應用，才有利於判讀行情。請看圖17-1，這張圖說明了一個「星形」的概念。那就是在K線與K線之間，不管上下影線，我們只看實體的部分，當經過一段上漲，通常「星形」是出現在「陽線」之後，但並非一定是陽線，只要：❶實體之間，有跳空現象。❷跳空的第二根K線，實體是紅是黑都無所謂，但長度較為短小。

走到十字路口，就要學著適應變局

　　「星形」的外型，和「十字」是差不多的。星形的實體很小，上下都有影線。如果星形的實體小到接近0，那就成了「十字」。所謂「十字」，是開盤、收盤價格相同，這時就好比來到了十字路上，接下來的路就是需要觀望、選擇，然後走一條你希望達到目的地的正確之路。對於行情來說，「十字線」就是一條「變盤」線。它可能往上，也可能向下，基本上接下來的走勢，很可能是反轉的形態。

　　請看圖17-2，❶和❷是一組連續的兩個十字，❸和❹則是另一組。這4根K線，都是在還原日線圖的相對低檔區，它們的連續十字，有點像預備起跑的選手，在賽前先暖暖身。後來，果然大漲了。再看❺的出現，是一根上影線長於下影線的「天劍線」，它本質上也是一個十字線，只是賣方力道更甚於買方，所以後來果然大跌了一段。至於❻和❼在不同一段裡分別出現，意義都一樣是反轉訊息，後來也確實都跌了一小段。由此可見，十字型的K線，說翻臉就翻臉，不可輕忽。

圖17-1 「星形」的出現，通常是伴有跳空的現象，而且實體很短小。

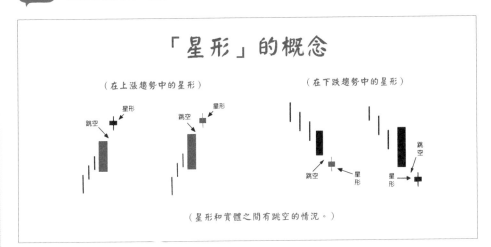

圖17-2 「寶齡富錦」（1760）出現十字線之後，行情很容易轉變。

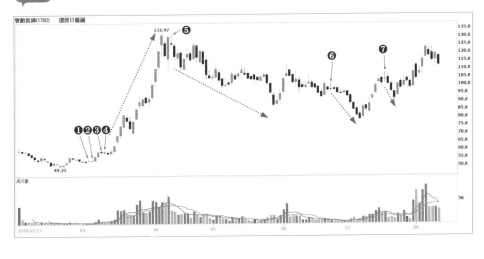

18 高檔十字線變化球

居高不思危，資金即將敗光

這是一個伊索寓言的故事（豬和綿羊）：有一隻豬跑進綿羊群裡，和牠們一起吃草。有一次，牧羊人捉住了那隻豬，豬大吼大叫並極力抗拒著。綿羊勸牠不要叫，說：「別吵！別吵！我們也經常被主人捉住，卻從來不大吼大叫的啊。」

豬回答說：「同樣被捉住時，我可和你們不一樣。人們捉住你，是為取得羊毛或羊奶；可是他們抓住我，卻是要我的命哪！」

這個故事的寓意是說：當失去的不是財產，而是生命時，被擒者反應就會特別激烈。

📊 填補缺口和跌破頸線，是關鍵破綻

高檔十字線，和上述故事中的羊一樣，有時主力只是用量滾量的方式，消耗你一些銀子（即故事中的毛和奶）；可是有時你如果不能及時「居高思危」或「看出危險」，其命運很可能就和豬一樣被宰了！股價一瀉千里，而你也差不多傾家蕩產了！

請見圖18-1和圖18-2的舉例。這是同一檔股票（新鉅科3630）的不同時期「還原日線圖」，兩段時期的「新鉅科」都是在大漲一段時日之後，出現一根帶有小上影線的長紅或帶有小下影線的長紅，人逢喜事精神爽，雖然不是光頭、光腳的長紅那麼完美，卻也因賺了不少錢，而失去了戒心。因為股價從低處漲到高檔，表示多頭力量一直強於空頭。十字線的出現，多空只是打成平手，但是如果稍不留心，多空雙方的力量可能就會易位！

如何看出危險呢？最好的方法就是由下一根K棒來觀察行情的走向。像圖18-1的高檔十字線，下一根K棒就是開低走低的長黑了。這根長紅把前面長紅的跳空缺口填補了，這就確認了此後大跌的命運；圖18-2的高檔十字線，下一根K棒也是開低走低的長黑。接下來，是十字變盤線的再提醒，一旦你不及時撤退，接下來的三根連續「黑三兵」就把長紅之前橫盤期間的頸線都給跌破了！這也是確認此後大跌命運的重大癥兆啊！

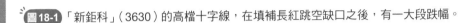

圖18-1 「新鉅科」（3630）的高檔十字線，在填補長紅跳空缺口之後，有一大段跌幅。

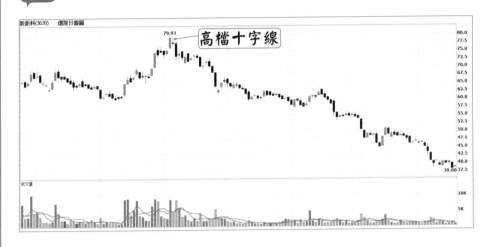

圖18-2 「新鉅科」（3630）的高檔十字線，在跌破長紅低點之後，跌幅甚大。

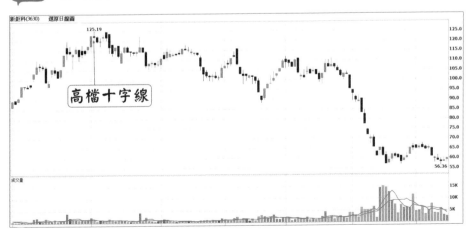

19 低檔十字線藏玄機

行情翻轉，總是盤旋待變

　　法國小說家巴爾扎克從小家境貧困，後來他用了許多不一樣的筆名發表文章，這些作品都十分暢銷，才改善了他的經濟情況。他成名之後，許多出版商迫不及待地希望和他簽約，而他都會不管三七二十一的先簽約拿了預支的版稅再說。拿到版稅後，他一定會整修房屋、裝潢馬車，從浴室的窗簾到僕人的制服，一一都換新，總是花得精光。至於欠下的稿債，則拚命的償還，因而寫過二千個角色、一百本的作品。他可能是出版史上，賺過最多版稅的作家，同時也是負債最多、最窮困的作家，他有一次有感而發：「只有在環境逼迫我時，我才會去從事寫作。」

　　每個人都有人生的低谷，能否脫困而出，端視自己能否看出機會。股市的「低檔十字線」就是一種股價有可能翻轉的機會。因為它出現了轉圜的餘地。尤其低檔的變盤，有時會接二連三的出現十字線，就看我們自己有沒有警覺那是機會。

低檔持股決勝千里，就在於耐心

　　有一句話說：「機會就像小偷，來的時候無影無蹤，去的時候卻讓你損失慘重！」君不見很多股市新手看到股票跌跌不休，終於受不了了，只好忍痛賣出。不料，股價在幾個低檔十字線之後，卻開始大漲起來而令他跺腳不已、逢人訴說！散戶總是如此，大戶因為不缺錢就比較好些，他們會在股價橫盤時先行卡位，而在未來大漲時才賣出。這就是大戶和散戶的不同。

　　散戶所以無法看出低檔十字線的未來，是因為低檔十字線其實不如高檔十字線那麼明確與易於掌握。因為底部要變盤上漲，通常需要一些橫盤的「量縮價穩」契機支持，而缺乏銀子的散戶沒有耐心去等待，因而遠不如大戶那樣容易安心抱牢持股，等待股價從黑夜步向黎明。請看圖19-1和19-2，這是「順德」（2351）不同時期的低檔十字線的大轉機。有心人不妨多觀察它的起漲訊號。

圖19-1 「順德」（2351）在出現低檔十字線之後，迅速拉出一大段行情。

圖19-2 「順德」（2351）在出現低檔十字線之後，有時也需要經過一段等待的盤整期。

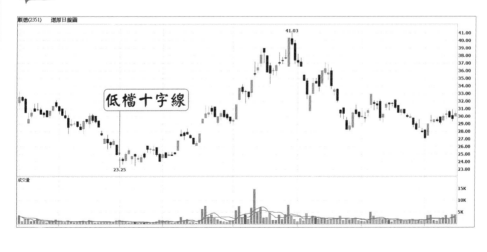

長腳十字線，洗盤意味濃厚

　　擁有「變盤線」意義的十字線，除了因位階高低造成的「內涵」不同之外，它的「皮相」種類也不少。例如長腳十字線或蜻蜓十字線，它們都有非常奇特的外貌。而這種震盪激烈的股票，振幅特別大，根本就是上沖下洗的結果。值得一提的是，這種奇形怪狀的線型，多半出現在成交量偏低而又有特定股友介入的時候。這炒手未必是主力大戶，因「以一張拉漲停」的台股傳奇，常不斷發生。

　　請見圖 20-1，這是「倚強」（3219）的還原日線圖，它偶而會出現非常長的上影線，或非常長的下影線，這代表什麼呢？代表上沖下洗非常激烈。可能沒人買或沒人賣，炒手很難操作，只好以超高價買下或以超低價賣掉部分持股，整個行情才有辦法推動。必要時還得製造「假單」（自己買、自己賣同樣的張數），才得以成交。

蜻蜓線，代表上漲的行情仍未結束

　　再請看圖 20-2，左為「倚強」（3219）的分時走勢圖，右為「耀勝」的分時走勢圖。「倚強」的突然直上，又突然急下，常是造成日線圖成為「長腳十字線」的原因。「長腳十字線」的上影線與下影線都特別長，又叫做「高浪十字線」，因為就如同掀起高浪的震盪行情，上沖下洗特別激烈。「耀勝」當天成交量只有三張，可說冷清到極點了。它還是熱門產業的「被動元件」指標股之一。當大多數「被動元件」都已大漲過頭且在下跌趨勢中，它卻因籌碼關係（股本 4.33 億），在大部分熱門股票（如國巨、華新科等等）大跌的情況下，獨拉漲停。

　　長腳十字線如果出現在波段行情中，它的上沖下洗，多半含有「洗盤」的意義，也代表盤中的不確定因素。由於盤中多空交戰激烈、勢均力敵，所以仍要看它的位階如何，才能確定往哪一方向靠攏。然而，如果是沒有上影線的「蜻蜓線」，則多半代表多方力道較好，行情仍未結束。

圖20-1 「倚強」（3219）的成交量小，若有人要動它，往往上沖下洗的動作非常激烈。

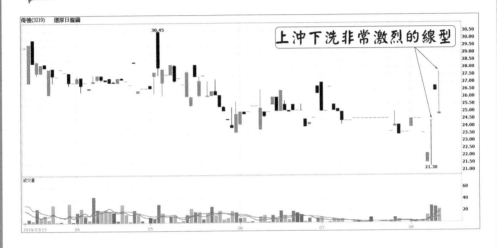

圖20-2 左為「倚強」（3219）的分時走勢圖，右為「耀勝」的分時走勢圖。

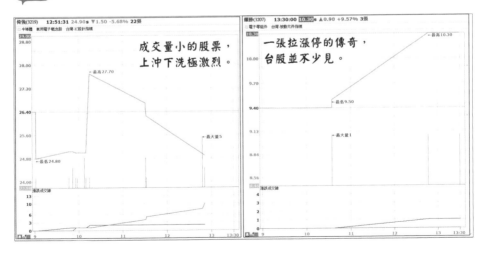

21 小紅小黑陷入膠著

小紅小黑糾結夠久，祿在其中矣

　　小紅小黑的K線，是指實體長度小於2%的陰陽線，漲跌幅也通常很有限。不過，不要小看了這些小鼻子小眼睛的K線。如果他們肯很有紀律地排成一列隊伍，未來的你就有機會打勝仗。

　　玩過象棋的人都知道，小紅小黑就像小兵小卒，在棋局開始，毫不起眼。可是，一旦到了殘局，那一兵一卒都可以直逼將帥府邸！西方神話的「木馬屠城記」，藏在木馬肚子裡的小兵小卒一進城、夜裡全爬出來時，那讓敵營簡直是震撼無比！同樣的道理，股市也有一套謀略可以用小紅小黑來發財！所謂「一將功成萬骨枯」，萬骨指的就是小兵小卒（小紅小黑）。在日線圖中，只要有這些小紅小黑一直在列隊橫盤（盤整），幾個月後，這「蓋磚」也似的隊伍，必會讓你見到富麗堂皇的深宅大院。我們也就是在突破小紅小黑高點的瞬間買進股票，就辦到了！它通常會帶動一大波的行情！

雪越濕坡越長，未來行情越有爆發力

　　這聽起來多麼簡單的發財之道，為什麼沒讓懂的人都美夢成真呢？巴菲特不也說過：「人生就像滾雪球，你只要找到濕的雪，和很長的坡道，雪球就會越滾越大。」這正是小紅小黑立大功的原因。如何找到小紅小黑列隊一般「很濕的雪，和很長的坡道」，並不簡單。有時是時機不對，這種股票不好找。除了均線糾結長達半年以上的小紅小黑，還得有主力介入才行。

　　請看圖21-1和圖21-2，這是「橘子」（6180）不同時段的兩張「還原日線圖」。圖21-1，在我們可以「大膽買進」之前，必須找到前面這幾個月有小紅小黑不斷在排隊的局面，盤整越久越好。當股價突破小紅小黑的高點時，你的心就不再「糾結」！圖21-2，小紅小黑排隊到後期，就有點「按捺不住」了，斜率漸高，所以在發動行情之後，並沒有像圖21-2那樣一鼓作氣、漲上數倍。但分成幾波，最後漲幅仍然不小！

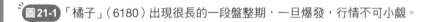

圖21-1 「橘子」（6180）出現很長的一段盤整期，一旦爆發，行情不可小覷。

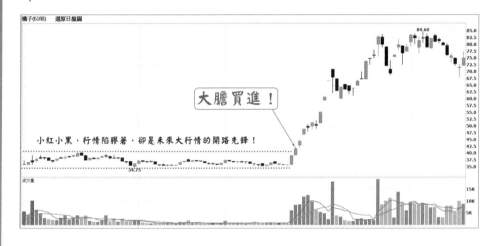

圖21-2 「橘子」（6180）出現這樣的K線排列，等於是「送分題」了。

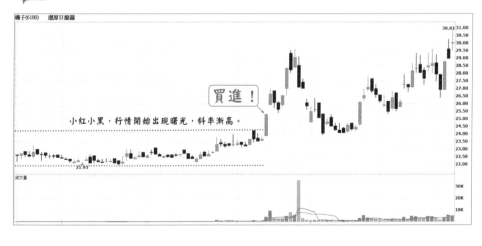

22 墓碑十字意義無窮

墓碑名詞不吉利，高檔賣出要快

請看圖22-1和圖22-2，這兩張圖是「力山」(1515)不同時段的兩張「還原日線圖」。前者想要表達的是「墓碑十字在高檔是止漲線」，後者想表達的是「墓碑十字在低檔是止跌線」。從這個觀點來看，「墓碑」這個恐怖的名詞，未必是絕對壞的。可說是一半一半，五五波。

說到「墓碑十字」的長相，不能不和「T字線」的「蜻蜓十字」相提並論。因為他們剛好是相反的。「蜻蜓十字」是「正T字線」，在低檔量小，是「止跌線」；在高檔量大，是「止漲線」。「墓碑十字」則又稱為「倒T字線」，在低檔是「洗盤」意味濃；在高檔是「出貨」意味濃，萬一又爆大量，那賣壓就更大了，次日很可能續跌。

📊 墓碑十字在跌勢的低檔，十足像踩煞車

不過，根據筆者長期看盤的經驗，「墓碑十字」出現在最高點或最低點的機會並不太大。通常只在次高點或次低點，有點像是配角。它的線型意義是：開盤之後，用力向上拉抬，可惜最後又遠離高點，被打回原點。這說明多方太不成氣候了，不免被空頭飽以老拳，打趴在地。第二、三天恐怕都爬不起來。至於在下跌趨勢的低價區，它又有點像「煞車線」，從高處下來，踩了幾次煞車器，最後終於煞住了車，因而最高、最低點，多半不是由它擔綱演出。

我們先來看圖22-1，在12.12的價位附近，長上影線的不良訊息（賣訊）頻頻出現，在12.12高點的那天就已經跌破前一根長紅的低點了，接下來的一根小黑收得更低。到「墓碑十字」這天，開盤後力爭上游，可惜最後仍跌回原點，從此不敢再奢談「反攻」一事，股價當然不得不重跌了。其次，再看圖22-2，在一段跌勢之後，出現致命的長黑，次一日更跳空跌停，到「墓碑十字」這天，開盤後努力煞車穩住跌勢，雖然功敗垂成，但次日援軍就到了，終以「光頭長紅」結束這段夢魘，否極泰來。

🔊 圖**22-1** 「力山」（1515）在高價區，長上影線的不良賣訊頻頻出現，「墓碑十字」也在其中。

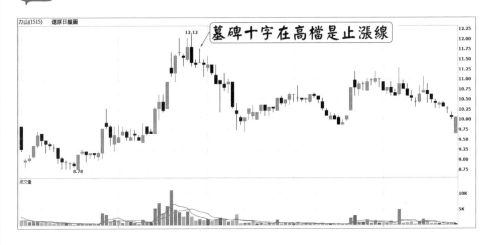

🔊 圖**22-2** 「力山」（1515）在低價區，靠「墓碑十字」把跌勢踩了煞車。

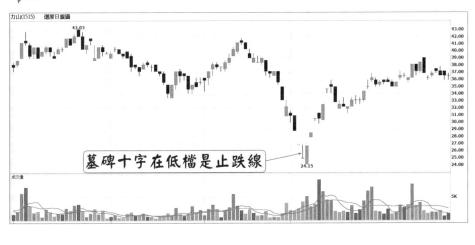

一字跳空勝負分明

一字線只用在個股，不在大盤

「一字線」在日線圖上看，就是一個「一」字，意指開盤價和收盤價是同一個價位，同時也無所謂的最高價、最低價。它就是「開、低、收、高」四價同一。所以，「一字線」也叫「四價同一線」或「停滯線」。因為通常一開盤就向上或向下跳空，然後就趴在那兒不動了。它在個股或投機股的身上，比較容易見到。大型股會發生「一字線」，只可能出現在有非常重大的利多、利空的時候。

其次，「一字線」也很少在加權指數（大盤）出現。我曾試著去找過，還沒發現有真正的「一字線」，有的只是「很像」一字線的小黑（實體非常短）。即使「郭婉容事件」，郭部長當年因徵收證所稅太突兀、引起震撼，造成連續19天無量崩跌（1988.9.29.～1988.10.21.），股市從8813點暴跌到5615點，郭婉容因而下台。那19天也不是「一字線」跌停！而是長黑！（請看圖23-1）

📊🔍 一字線的跳空興衰史，常合乎「對稱理論」

一字線是「無語」的結局，動都懶得動了、說都懶得說了，那無異是世界末日。所以，大盤絕對不可能出現一字線。

上漲的「一字線」，叫「急漲」；下跌的「一字線」，叫做「急跌」。有一句俗語：「樹再怎麼會長，也長不到天上去。」還有一句：「投機股，怎麼上去，就怎麼下來。」的確，股市的發展最後總要回歸到基本面。我們看圖23-2，「全銓」（8913）就是這麼工整的「等邊三角形」，完全合乎「對稱理論」。

細看「全銓」（8913），可以發現，它從❶的低點17.94，上到90.4的高點（漲幅5.04倍），總共花了17天的時間；它從90.4的高點再回到❷的低點19，則僅用了13天。股價上漲的時候，總共出現16個一字型漲停板；股價下跌的時候，總共出現13個一字型跌停板（另外兩根K線是長黑與墓碑十字）。從這樣的股價發展，我們也感悟到「緩漲急跌」的特徵。換句話說，做多賺得多，做空賺得快！

圖 23-1 台股崩盤19天的日子，大盤也沒有出現一字線的跳空跌停。

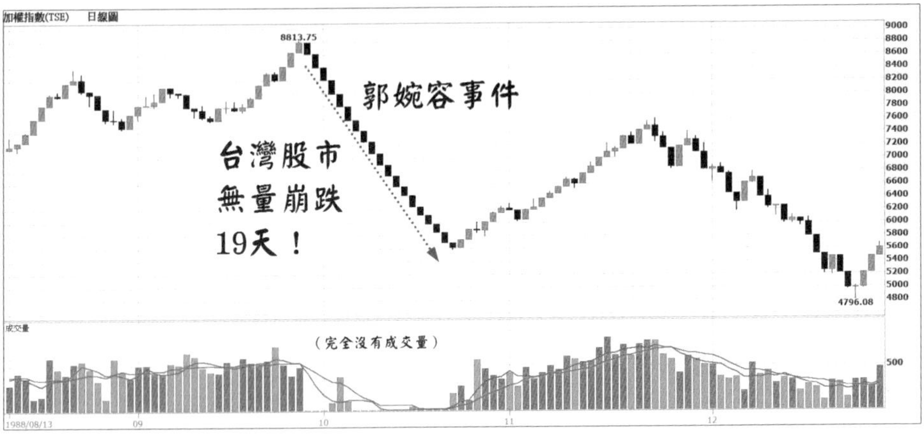

加權指數(TSE) 日線圖

8813.75

郭婉容事件

台灣股市
無量崩跌
19天！

（完全沒有成交量）

4796.08

成交量

1988/08/13　09　10　11　12

圖 23-2 「全銓」（8913）的股價，出現上漲16根、下跌11根「一字線」。

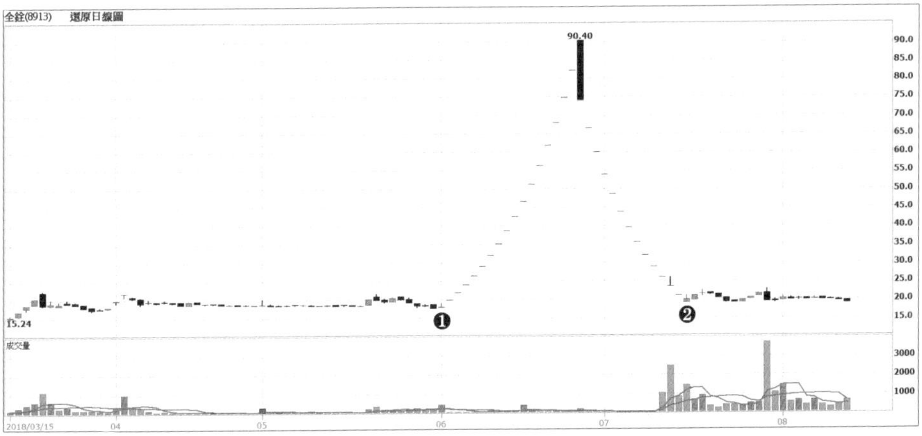

全銓(8913) 還原日線圖

90.40

15.24　❶　❷

成交量

2018/03/15　04　05　06　07　08

24 吊人線表達的訊息

站在高處的，才叫做「吊人線」

「吊人線」又叫做「吊頸線」。這條線讓人想起明朝第十七代的末代皇帝——崇禎帝朱由檢。他在李自成攻破北京時，在煤山的一棵樹上吊身亡。我們看圖24-1的❶，和圖24-2的❸，都是「吊人線」的長相。黑黑的實體，有如一個人的頭；下影線成一條線，因為手腳都不能再動了、不會張開，於是貼身成了一條線。

和「吊人線」長相一樣的「鎚子線」為什麼不叫「吊人線」？因為「鎚子線」多半存在於「低檔區」，而「吊人線」則存在於「高檔區」。試想，如果朱由檢是站在地上，怎麼可能吊死？一定要夠高，才辦得到。例如搬個橙子站上去，然後把白綾往樹上一掛，擱上脖子、踢掉椅子，然後兩腿一伸，一口氣不來，嗚呼哀哉了！

陽線、陰線都有吊人線，並非陰線獨有

請看圖24-1，「大統益」（1232）的高點63.87（這是還原日線圖，所以和日線圖的數據稍有不同），就是一個「吊人線」。股市每一個高點，並不一定是「吊人線」，但這裡的高點❶❷❸都是「吊人線」造成的跌勢。至於❹❺❻❼則不是「吊人線」，而是「鎚子線」。因為❶❷❸是處於「相對高點」，含有起跌的味道；❹❺❻❼則處於「相對高點」，有即將落底的暗示。如果不懂什麼叫做「相對高低點」，可以參考該圖左邊的價格55.75。用高63.87、低55.75的平均值作中線，低於中線的就是「相對低點」。

再舉一例。請看圖24-2，「大飲」（1213）的最高點是17.86，這❸的位置，就是「吊人線」主導的跌勢。❶❹❺❻都在低檔區，屬於「鎚子線」的範圍。那麼問題來了，圖中的❷算不算高檔區呢？它是不是「吊人線」？——是的，它算「吊人線」！但它為什麼沒有很快的跌下來？因為次日出現了連續兩根十字變盤線，讓它慢下了腳步。但後來又出現「陽線吊人線」、「陰線吊人線」各一根，於是行情終免不了一死。

圖24-1 「大統益」（1232）的「吊人線」解說圖。

圖24-2 「大飲」（1213）的「吊人線」解說圖。

25 鎚子線表達的訊息

鎚子線，何時才具備攻擊力？

前文已經說過，同樣的K線長相，在相對高檔的是「吊人線」，在相對低點的是「鎚子線」。一根實體短小、下影線很長的K線，由於在低檔區，所以多半具有支撐力量。當股價下降到一定低點時，我們往往可以發現「鎚子線」的蹤跡。它也叫做「鐵鎚線」，因為已遠離天花板，來到地板，立足點很穩當，行有餘力即可展開攻擊。

所有的單一K線，都不能證明「必然如此」或「必然如彼」，一定要配合其他K線組合，才易產生力道。例如在下跌波段的末端，出現一根「鎚子線」，往後可能產生變盤。如果連續出現兩根鎚子線，同時第二根鎚子線的收盤價，比第一根鎚子線的收盤價高（斜率向上），稱為「雙鎚打樁」，那就是為趨勢即將反轉的訊號。要是兩鎚之間，還有跳空缺口，就會彈得更強、具備攻擊力！如果在「雙鎚打樁」之後，再出現「中長紅」的K線，那趨勢反轉的訊號就更篤定了。

一鎚定江山，仍須靠「過高點」才能強渡關山

處於起漲點的「鎚子線」，通常會形成「地樁線」，正如建構房子，打穩地基，房子就不至於衰敗。至於何時可以看出低檔的「鎚子線」具備攻擊力量，可以向上挑戰高點呢？請看圖25-1，「英格爾」（8287）的低點6.66（見❶），正是一根「鎚子線」。但光是一根「鎚子線」還不足以發揮力量，它還必須經過一段日子的盤整，直到❷的價位，由於越過了❶的高點，才開始展開一大波大行情。

「鎚子線」並非只有陰線，其實陰陽線都有。請看圖25-2，「泰藝」（8289）圖中❶的位置是低點所在，它是一根陽線的鎚子。次日是一根十字變盤線，意味著要開始展開上攻之路了，❸則是長紅線，印證了它是向上變的趨勢。直到❹突破了幾個月來的高點，我們才可以說，大行情正式展開了！回顧來時路，不能不說這是❶「一鎚定江山」的助力！

 「英格爾」（8287）的「鎚子線」之後，迎來了大波段的行情。

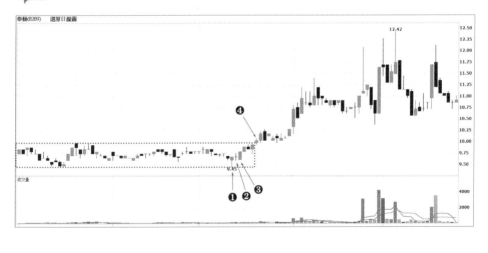 「泰藝」（8289）的「鎚子線」之後，很快就見到突破高點的大行情。

26 流星線表達的訊息

感恩流星線，多空都能賺！

　　據說台灣阿美族把「流星」稱為「約會、熱戀之星」；也有些傳說，如果在流星落下來時許願，願望就會成真。難怪偶像劇會取名「流星花園」這樣美麗的名字。不過，一些地方的風俗，卻認為流星是上天的警告，流星所經之地很可能會帶來火災。

　　股市K線的「流星」，倒是比較偏向於負面的意義。它又稱為「掃把星」、「射擊之星」，是對多頭的一個警告，賣壓明顯湧至；如果不重視它，也許上漲的趨勢很快就會像流星一樣轉瞬即逝，接下來股價會從漲變跌。

逆向思考選股，利用流星線賺錢的機密

　　「流星線」的特徵是K線有一個很小的實體，上影線很長（至少是實體的2倍），下影線一般是沒有，或非常微小。此外，可以是陰線，也可以是陽線。它出現在上升的趨勢中，通常已有一段漲幅。如果是大量且收黑，後面的行情都是跌的成分較多。請看圖26-1，「力銘」（3593）在這張「還原日線圖」中的高點12.9，就是一個長上影線的「流星線」。它的上影線至少有實體的10倍長。可說是個非常強烈的賣訊，後來果然引發了一段重挫的行情。

　　出現流星線之後，是否就「沒救」了呢？筆者在一次「方天龍封閉式講座」中，曾分享了一種飆股的選股法，就是逆向思考。當你用選股程式選出適合放空的標的之後，結果卻有某一檔反而持續大漲，這就是飆股之一。我們看一個實際的例子。請看圖26-2，「利勤」（4426）在此一下降趨勢中，❶❷❸❹❺❻這6個點位，都是反彈的高點，且以「流星線」的型態，再被摜壓下去。可是到了❼就不一樣了。筆者就在這個位置買股票作了一次成功的隔日沖。為什麼在此一流星線下，還能賺錢呢？因為如圖示的虛線，已形成一個打底的箱型，❼是一個可以買進的突破點，❽的線型是「過前高、收更高」的做多型態，因而能夠獲利。

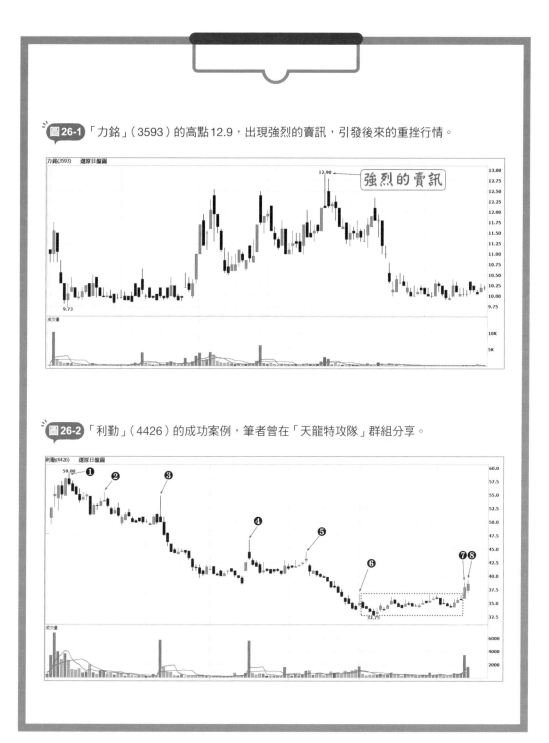

圖26-1 「力銘」（3593）的高點12.9，出現強烈的賣訊，引發後來的重挫行情。

圖26-2 「利勤」（4426）的成功案例，筆者曾在「天龍特攻隊」群組分享。

27 倒鎚線表達的訊息

艱苦卓絕，靜待倒鎚線！

已故的企業家王永慶曾刻意搜購被人棄養的瘦鵝，餵食自製的飼料。瘦鵝飽受飢餓的折磨，看到食物就拚命吞食，胃口奇佳。只要有食物吃，立刻就肥大起來。於是他常以「瘦鵝理論」形容台灣早年種種成就的由來。光復初期，台灣老百姓生活處境極為艱苦，為了求得生存，所以充分發揮了刻苦耐勞的傳統美德，終能突破困境，謀得成就。他說，任何人在走霉運時，要學習瘦鵝一樣忍飢耐餓，鍛鍊毅力，等待機會到來。只要餓不死，一旦機會到來，就會像瘦鵝一樣，迅速地強壯肥大起來。

我們在一直大跌的股市中，也必須學習瘦鵝面對困境時的堅毅態度，等待機會到來！正如瘦鵝餓不死就能翻身，投資人只要沒被抬出市場，早晚也必將大賺——只要能辨別「倒狀鎚子線」！

只要越過倒鎚線高點 ，就能迅速壯大

請見圖27-1，「倒狀鎚子線」和「流星線」的差別，只在位置不同：「流星線」是經過一段「飽食」上漲之後，才出現的K線；而「倒狀鎚子線」則是經過一段「飢餓」下跌之後，才出現的K線。

「倒狀鎚子線」和「鎚子線」的差別：雖然都經過一段下跌之後，但「鎚子線」是試探底部有多少支撐；而「倒狀鎚子線」則是試探賣壓有多嚴重。「倒狀鎚子線」的別名是「倒狀鐵鎚線」或「倒轉鎚頭」。此外，「倒狀鎚子線」也是陰陽線都有。

再請看圖27-2，❶的位置，就在連續大跌的苦難日子之後產生的。在它出現之前幾天，更是連續長黑。在最後一根長黑之後，它還開低！但正如同瘦鵝理論，一旦突破它的高點（❶的最高價），就會有一大段行情了！❷的位置也是一樣，它也是在經過一段大跌後，只要沒被抬出市場，股價總會大回升的。在大跌中，不必嘆氣，只要忍住「手癢」不隨便出手，靜待倒鎚線的出現，必然會和王永慶的鵝一樣迅速肥大起來！

圖 27-1 倒鎚線是發生於下跌趨勢漸緩之後，流星線則是產生於大漲一段行情之後。

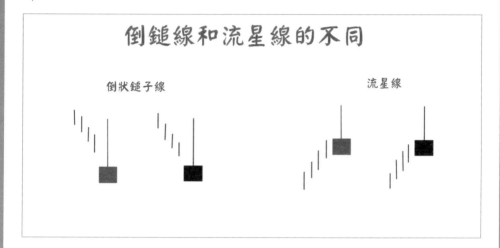

圖 27-2 「唐鋒」（4609）的兩個底部區顯然都有「倒狀鎚子線」的參與。

28 紡錘線表達的訊息

紡錘線如「陀螺」，可以多空互轉！

　　「紡錘線」是指K線的實體部分短小，且有上下影線。這種K線，其實很普遍，有些翻譯自日本技術分析的教科書，可能還會稱為「陀螺線」，因為它的形狀看起來確實也有點像陀螺。正如「蜻蜓線」也有人稱為「紙傘線」、「光頭長紅」也有人稱為「禿頭長紅」一樣，這都是隨人喜好的，並無一定的用語。重要的是，我們要把它的實質意義搞清楚。

　　「長紡錘線」，不論收紅或收黑，實體約為上、下影線的兩倍；「短紡錘線」也不論收紅或收黑，上、下影線是實體的兩倍長度。不過，影線長度並不特別重要。但實體的部分，如果當天收紅、收盤價比開盤價高，就叫做「陽線紡錘線」；如果當天收黑、收盤價比開盤價低，則稱為「陰線紡錘線」。

給紡錘線一點顏色，它也有開染房的一天

　　紡錘線一般都是指「短紡錘線」居多，否則有時會和長紅線相混淆。基本上，它因為實體較短，所以在多空對抗時並沒太明顯的意義，多半是扮演中立的角色。不過，一旦出現在頭部或底部，則是一種行情反轉訊號：在「頭部」時，是屬於「多轉空」、「見頂回落」的賣出訊號；在「底部」時，是「空轉多」、屬於「觸底反彈」的買進訊號。

　　基本上，「紡錘線」無法獨立看待，通常要和其他的單一K線合作，才能發揮作用。例如圖28-1，左邊是陰、陽紡錘線的長相，中間是與前一根長紅組成「空頭孕育線」，右邊是與後一根長紅組成「多頭吞噬」。至於圖28-2，「臻鼎」（4958）的「還原月線圖」，包含了4個重要的K線組合：❶是「紅三兵」，引領行情向上。❷是「夜空雙星」，會把行情打下來。❸是「三線反紅」，有利上攻。❹是「上揚三法」，繼續朝上前進。這4種組合都有「紡錘線」的參與。至於這些組合的意義和應用方法，我們將會在本書的其他篇幅，進一步加以詳述。

圖 28-1 陰陽紡錘線的長相，以及它和其他線型的一部分組合範例。

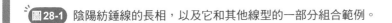

陰陽紡錘線和其他線型的組合範例

陽線紡錘線　陰線紡錘線

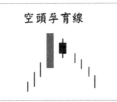

空頭孕育線

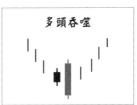

多頭吞噬

圖 28-2 「臻鼎」（4958）的「還原月線圖」中包含了4個重要的K線組合。

29 K線如何判斷多空

季線，K線最重要的生命線

不論大盤還是個股，我們都以季線（60天的股價平均線）為多空的分界線。這是法人最重視的平均線，一般都稱為「生命線」。這是新手最需要知道的知識。知道以季線為多空分界線時，你的操作至少就步入了正軌。

請看圖29-1，中間一條橘色的線，就是季線。「台積電」（2330）在跨過季線之後，就走多；在季線之下就走空。判斷多空，就這麼簡單！圖中的❶，在季線之下，屬於空方格局；❷在季線上，屬於多方格局。上了季線，就保證不跌嗎？未必。還必須「回測」底下的「支撐」強不強。通常要給它「三天」的觀察期。結果呢？❸繼續向上，卻收黑，顯然還需往下測試，果然❹和❺都曾「伸腳」到季線之下，所幸收盤都拉上來了。底部既然夠結實，於是❻就跳空而上，短期內便沒再跌下季線，正式開始走多了！

📊🔍 大盤不好時，選對強勢股仍可能有賺錢機會

個股這樣判斷多空，那大盤呢？請看圖29-2，加權指數一樣可以用60日線作為「生命線」，但我們不妨以KD指標作輔助。圖中❶❷❸黃色塊狀區是屬於高點區，我們可以發現，當加權指數處於高點時，它的KD指標多半已步入80之上了。當KD（隨機指標）的K值在80以上、D值在70以上為超買（過熱）的一般標準；而K值在20以下、D值在30以下，即視為超賣的一般標準。

我們以❸這個區塊來看，行情似乎很樂觀（斜率向上），但是到了❹這一天，就完全不對了，因為出現一根長黑示警了。如果不重視，在經過6天之後，第7天就跳空跌下季線了，❺這根長黑攢破了季線，使得大盤由多轉空了。

大盤和個股的多空趨勢，並不一定是相同的，所以才有所謂「選股不選市」的說法。例如圖29-1和圖29-2是同一個時段的日線圖，我們可以看出「台積電」走勢比大盤強。因為前者在多方格局，大盤卻已走空了。

圖 29-1 「台積電」（2330）在跨過季線之後，就走多；在季線之下就走空。

圖 29-2 加權指數在KD高於80之後，都是高點所在。

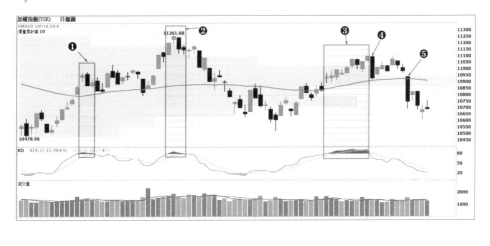

30 K線如何表現力道

多空力道，取決於誰的位階高

　　K線有陰有陽，誰的力道大，誰就主導行情的向上或向下。但是「力道」大小，並非看它的型態和長相，而是看位階。位階高的，佔優勢。這就好比拳擊比賽，拳頭大不一定就會贏得比賽，有時還得講究戰術和戰略。個兒高的、手長的，一般比較吃香。試想一個180公分的長人對一個手短的、150公分的敵方揮拳，是不是佔了很大的優勢？同樣的，K線的位階越高的就越吃香。

　　K線長相，主要彰顯的是「氣勢」。例如多方的中長紅和空方的中長黑，都具有舉足輕重的影響力。至於小紅、小黑，以及十字線、紡錘線等等都只是處於「整理」期，無法與敵軍較勁。還有一種叫做K線的延伸線的，就是兩根K線相加，也可以變成氣勢更強的線，例如「紅三兵」或「黑三兵」就是有一種「連續性」的威力，可以令敵軍望而生畏。

長人和矮子舉行拳擊比賽，高下立判

　　請看圖30-1，圖左與圖右都是分別的一段多頭行情。對應於圖30-2，在其後都有突然向下的跌幅。那麼它們先前的多頭行情，又怎麼說呢？從圖30-1的圖左，我們可以看出這是一段「斜率」向上的走勢；而圖30-1的圖右，也是一段「一路向上」的走勢。但是，「樹再高也不可能長到天上去」，既然漲多了，就容易形成「強弩之末」的敗相，這就給了敵方的可趁之機。只要碰到比較強的空頭就自然下跌。

　　請看圖30-2，❶的位置是長紅，原本氣勢很旺，可惜碰到❷這樣一個更高位階的流星K線就被比下去了。於是，它就由高處滾落而下。經過一大段時間的沈澱之後，來到了❸的位置，原本它和❹可以組合成一支「母子十字」的作多K線，可惜❺的位階比它們更高，於是當天就收黑了，加上次日的繼續下跌，更確認了行情的必然隕落。綜而言之，K線如何展現力道，完全取決於多空的氣勢，尤其是：哪一方站的位階高？

圖 30-1 多空的力道是比出來的，此二圖之後的走勢，請參考圖30-2的變化。

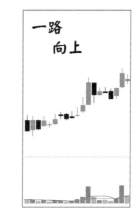

斜率
向上

多方力量大，只是未逢更強對手。

一路
向上

圖 30-2 「今國光」(6209)一路走高的行情，碰到比它強的空頭，仍然會拉回整理。

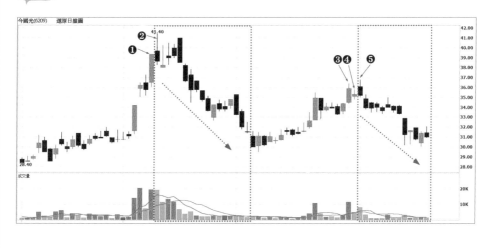

31 K線如何看出轉折

轉折點，就是最佳買進賣出點

　　股價的漲漲跌跌，是很正常的，正如驚濤拍岸一樣，有漲潮也有落潮。唐代有一位叫做李益的詩人有詩：「嫁得瞿塘賈，朝朝誤妾期；早知潮有信，嫁與弄湖兒。」描寫望夫早歸的婦人心情，用了這麼一個「潮水的漲落如此有信用」的事實來作比喻，簡淺明快，給人印象深刻。我想，就是因為「潮有信」，才讓「波浪理論」影響深遠吧！

　　❶發明「波浪理論」的前輩對股票操作最有貢獻的，就是買賣點的拿捏。根據美國技術分析大師Ｒ・Ｅ・艾略特（R. E. Elliot）的說法，不論多頭行情或空頭行情，海浪的波動都可以分為8個波段，每個波段也都有其「拐點」，也就是「轉折點」。能夠掌握波段轉折點的人，就可以很容易賺到價差。

即使行情看多，也要在長上影線出現時迅速下車

　　❶請看圖31-1，這是「利勤」（4426）的「5分鐘圖」，在開盤後，就是明顯的「獲利回吐」的賣壓。至於什麼時候可以買進呢？觀察❶和❷之間，有一個跳空的缺口，當股價續跌到❸時，出現了反轉。再到❹更是填補了❶和❷之間的缺口。這說明股價已可以由空翻多。❺沒有續跌，更可以確認。至於買點就在超過❹高點的❻的位置。接下來，果然股價大反攻，我們就可以在❼這樣的點位賣出股票，因為它已跌落於最高點36.5的低點之下。

　　❶再看圖31-2，這也是「利勤」（4426）的「5分鐘圖」，但卻是不同一天的行情走勢。方形的大框虛線之內，就是一日行情。這一天，可以說走的是「單邊行情」。從開盤的中長紅線起，就可以看出這檔股票即將要大漲的感覺，第二根K線是「蜻蜓線」，量微縮、價也穩，我們就不妨在第三根長紅K棒出現時作為「買進點」。為什麼呢？因為這一根的量超級大，顯見主力介入。在「賣出點」出現的訊息卻是量大不漲（上面有賣壓）的「天劍線」。此時不賣，更待何時？

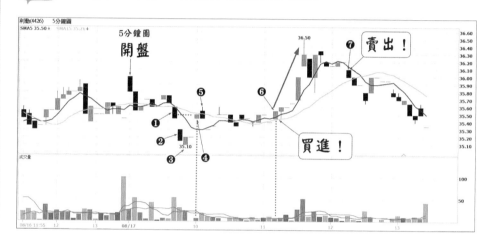

圖31-1 「利勤」（4426）的「5分鐘圖」合適的進出場點位。

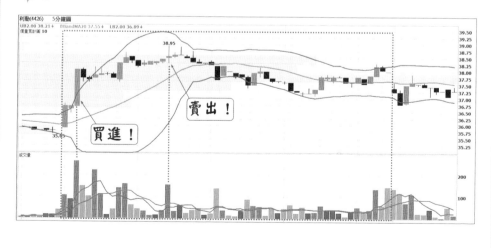

圖31-2 「利勤」（4426）即使是「單邊行情」，也要在長上影線出現時迅速下車

趨勢判讀，讓我多空連賺兩次！

前文說到「單邊行情」，第三個5分鐘就出手買進了。其實，體悟「單邊行情」的可能性並不簡單。需要事先做很多功課，所謂「台上10分鐘，台下10年功」，本文就要說到筆者的一個實際戰例，我是如何運用「三關價」讀出趨勢的？

造成單邊行情的趨勢，特徵就是「一底比一底高、一高比另一高更高」，這就是單純的多頭（單邊行情）；「一底比一底低、一高比另一高更低」，就會是單純的空頭（也是單邊行情）。

活用三關價，做台指期當沖很神奇

「三關價」最重視「昨天的最高點和最低點」，其實正是重視壓力和支撐的概念。它的計算公式如下：

上關價：本日最低點 ＋ （本日最高點 ― 本日最低點）× 1.382

中關價：（本日最高點 ＋ 本日最低點）÷ 2

下關價：本日最高點 ― （本日最高點 ― 本日最低點）× 1.382

圖32-1和圖32-2，其實是同一天的實例，但分開說明，可以看清楚當天筆者是如何輕鬆判讀，並抓準了最佳的買賣點。這一天，我使用的是「1分鐘圖」。我在開盤前就先計算出「三關價」，結果開盤點位出現在中關價之上，盤中經過三波拉抬都呈現創新高而又不破前低，這就是多頭的徵兆，也是「單邊行情」的表現。上午9時30分左右，量已縮到極致，同時，短期均線和中期均線也已糾結得差不多了，那就準備下單。接著，畫出一條「上關價」的虛線，發現在均線糾結時，已有兩度不跌破「上關價」了。於是，上午9時41分左右，槍聲一響，立刻出手！見圖32-1，價格突破處，便是我的買點。

圖32-2，可以看出我當天連做兩筆不同的交易：第一筆在圖中的「買進點」下單之後，就在「停利區」賣出；然後在破頸線的「放空」處再做一次「先賣後買」的當沖，最後回補於底下的「停利區」。這天的兩筆期指當沖能順利完成，都是有勞於精準的「K線判讀」之功！

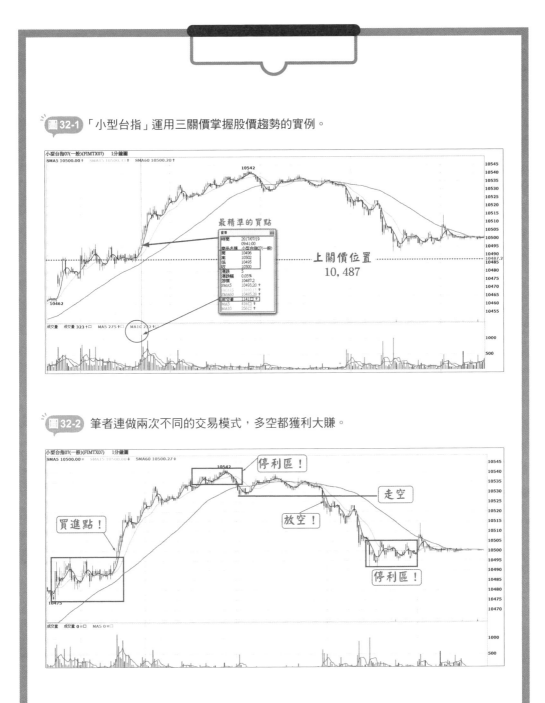

圖32-1 「小型台指」運用三關價掌握股價趨勢的實例。

圖32-2 筆者連做兩次不同的交易模式，多空都獲利大賺。

33 K線如何上演型態

開口朝上朝下，是型態特徵

　　K線的型態，也是一門學問。它是怎麼形成的呢？一根K線的長相，前面都已經介紹過了。當兩根K線或三根、四根K線排列在一起時，你可以想像成一種「組合」。有了組合，就容易形成「型態」。有了型態，就可以看出是多方還是空方居於優勢地位。

　　當一堆K線組合之後，後續的發展通常如何？經過前人的統計經驗，可以得到是正面（做多）抑或「負面」（做空）的力量。請看圖33-1，適合做多的K線型態，主要有7種。例如：❶W底。也叫做「雙重底」。它是眾多的型態中，出現機率最高的一種。不過，必須注意的是，股價在回測頸線時一旦跌破，W底的型態就被破壞了。❷頭肩底。它就是一個雙肩＋頭的型態。它在突破頸線之後，也是必須經過回測才算完成。一旦完成，它的目標價可從頭部到頸部的兩倍高。❸Ｖ型底。它是一種急下又急上的反轉型態。❹圓型底。看圖型就知道什麼是圓型底，有點像大碗公就對了。另外還有三種K線組合的型態和圓型底很像，包括：❺有柄神燈。❻湯匙向左捎。❼湯匙向右捎。

做空的K線組合，像一個覆蓋的大碗公

　　適合做空的K線型態，主要有6種。請看圖33-2，包括：❶M頭。它也稱為「雙重頂」，長得就和「W底」剛好顛倒。❷頭肩頂。它也是一個雙肩＋頭的型態。❸尖山頂。它也是急上、急下的反轉型態。❹圓型頂。有點像是一個覆蓋的大碗公。此外，還有兩種K線組合的型態和圓型頂很像，包括：❺右掛雨傘柄。❻左掛雨傘柄。

　　適合做多的K線型態和適合做空的K線型態，有什麼區別呢？綜合來看，就是做多的型態，「開口」幾乎都朝上；而做空的型態，則多半「開口」朝下，這是最簡單的分辨方法了。

　　判讀K線型態，需要一點想像力。它只是一種輔助工具，最好和其他的指標一起觀察，才能提高勝率。

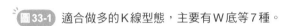 適合做多的K線型態，主要有W底等7種。

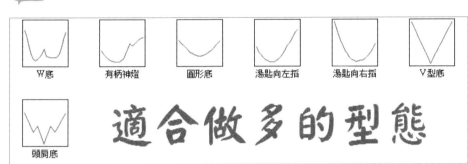

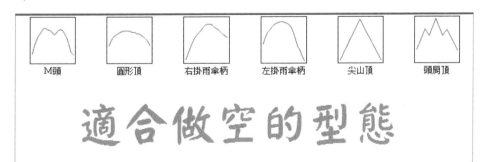 適合做空的K線型態，主要有M頭等6種。

34 K線如何預見止跌

知道股價沒止跌，就別亂加碼

在一個空頭的環境中，是否「止跌」為投資人關心的課題；或者在多頭的環境裡，買錯股票、股價跌跌不休時，投資人也很想知道股價何時止穩？何時不再續跌？這關係到是否必須停損或是否可以加碼攤平的思考和決策。

一般的常識都是「做對可以加碼；做錯不可加碼攤平，否則會越攤越貧（平）」，但你拿著你手上的股票到處去問人，應該沒有人肯給你免費而又負責的答案，因為萬一你告訴他（她）止跌了。結果對方加碼後，股價卻仍繼續下挫，那麼當事人心中絕對會恨你的。「宏達電」（2498）的崩盤是一個好例，誰想得到它會從1300元跌到40.35元才止跌呢？

均線扣抵法，可以預知股價可能變化

如果是未來人呢？既然知道今天就會止跌，那「不可向下攤平」就是絕對不必信守的紀律。因為如果確定今天止跌，我們逢低以倍數加碼，肯定會把賠的全賺回來。問題是「止跌」不代表「會漲」。你看「宏達電」在 40.35元止跌以來，已經快3年了，目前股價仍在43元附近徘徊。時間效益也太差了，不是嗎？

不過，用K線來衡量股價的短期可能漲或跌，卻仍有一計，那就是從「均線扣抵」的方法來預判行情。現在請看圖34-1，從這張還原日線圖，你能看出未來的走勢嗎？從33.1的高點，跌到幾天前開始橫盤了，可以買進股票了嗎？

請看圖34-2，答案是：並未止跌。為什麼？——站在❼的位置，往前看，從第20天的收盤價來看，它是比目前價格更高的扣抵值，所以如果目前再跌，根本就不可能把20日線變成上揚的狀態，因而未來可以預判是跌的成分較高。我們回頭看❶，這天的大量長黑的低點不能破，結果❷❸❹的收盤價都全跌破那個價位了。❸正是❼這一天的20日扣抵值，價格位置比❼高；❺是❼這一天的10日扣抵值，價格位置也比❼高，所以從❻起雖已橫盤，仍難挽狂瀾。

圖**34-1** 以「海華」（3694）為例，走到這裡，接下來的行情會漲會跌，你能預判嗎？

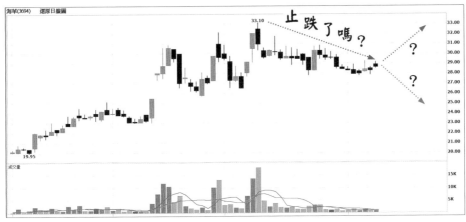

圖**34-2** 「海華」（3694）的例子，結果並未止跌，請看文中的詳細解說。

前面路不通，止漲有兆頭

　　如果以單一的K線來說，基本的「止漲訊號」，至少有「長黑線」、「流星線」、「墓碑十字」、「天劍線」、「吊人線」等五種。但是，我們的操作股票猶如在進行大規模的作戰，不能單靠一點點工具，就下定論，因為足以作多、作空成功的證據太薄弱了。

　　同樣一根「長黑」，如果接下來的是一根跳空的長紅呢？同樣是一根「流星線」，如果接下來的是高過於它的紅K棒呢？同樣的，「墓碑十字」、「天劍線」、「吊人線」之後，如果接下來的K線位置都比它們高呢？可見單一K線還必須注意其他的「配套措施」。所謂「止漲訊號」，還得考量位階以及其他的指標。

位階高低和量能大小，會影響K線的攻擊力

　　我們用實例來說明。請看圖35-1，「加百裕」（3323）當天是開高的（開盤42.1，漲幅1.69%），第一筆477張就是大單。看起來滿適合做多的。但是，經過一小段時間的「獲利回吐」，股價小回。等價穩量縮之後，就開始拉抬，然後再小回，接著再祭出大筆的成交單，高達785張。盤後來看，這一筆的「量」是當天的最大量，價格43.2也是當天的最高價。奇怪的是為什麼此後就沒再有更高價了呢？

　　用1分鐘圖來查價，可知那785張正好是一分鐘內的小統計。我們從K線可以預見止漲訊息，最主要的是由於它的量太大了，可是後來的股價和量能卻都沒跟上，足見主力有趁機逃脫之虞。圖中的❶是開盤價，❷是高過開盤價的買進點，到❸的高點，可說股價已經拉過三波了。此後的❹、❺，是「高不過高」的下跌波，直到❻才見到支撐。

　　再看圖35-2，「聚陽」（1477）的開盤價是❶，從3分鐘線圖來看，❷、❸是另外的兩個高點。至於為什麼它來到❸高點之後，就「止漲」了呢？因為❷、❸是屬於「價量背離」的格局；更何況❹之後，短天期的均線已經穿越長天期的均線而下了！

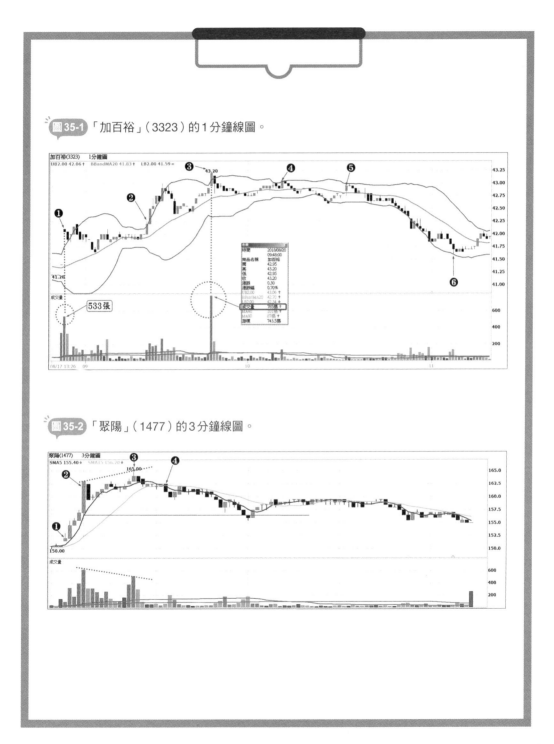

圖35-1 「加百裕」(3323)的1分鐘線圖。

圖35-2 「聚陽」(1477)的3分鐘線圖。

量是燃料，價要漲就要量增

　　K線的長相，主要是由「量」和「價」的元素所造成，此二者也有絲絲入扣的關係。在上漲過程中，成交量是價格的「大推手」。通常在一段淒風苦雨的下降行情之後，開始逐漸風平浪靜的特徵，無非是成交量慢慢萎縮，空方越來越發現「價格」不值得空了、也沒有更多的資金可以加碼空了。價格於是處於「超賣區」。

　　當量極度萎縮到後期，會出現長紅線、長腳十字、蜻蜓十字、鎚子線、倒鎚線、急漲的一字線等各種「止跌K線」，代表已有買盤介入，接下來慢慢放量，很快就超過前一天的成交量。次日股價向上突破，成交量大增，助長了推力。比較專業的說法是：當天的「5日均量」必須大於「一個月的月均量」，同時，和「價格」的上漲情況一樣，5日均量和月均量都呈現「多頭排列」，那麼這檔股票就會開始飆了。

量會告訴你：怎麼上去，就怎麼下來！

　　我們常說「量小打底、量大作頭」，到底多大的量才是危險的量？多少的量才算是「拉高出貨盤」？專業地說，放大的成交量至少要出現「5日均量」的2倍以上，才算是「量暴增」；尤其K線留下了長長的上影線，才可能是變盤訊號。尤其是跌破「支撐」的頸線的長空，出現長黑線、流星線、墓碑十字、天劍線、吊人線、急跌的一字線等各種「止漲K線」，就顯示多方已轉空。。

　　請看圖36-1，「金像電」（2368）在一段「斜率向上」的緩步趨堅之後，終於按奈不住、暴量上攻了。量逐步放大，呈現階梯式上漲，量價配合得宜。再看圖36-2，「本盟」（1475）在一段長期的下跌之後，由於量已經縮到不能再縮，終於被作手看上，突然急拉而上，然後倒貨下來套死一堆股民。但是對於有讀過書的股市知識份子來說，只要及時看到就可以搭順風車；同時，也不可能被殺到最低點，頂多第二根長黑就落袋為安了。

圖36-1　「金像電」（2368）在一段「斜率向上」的緩步趨堅之後，終於按奈不住、暴量上攻了。

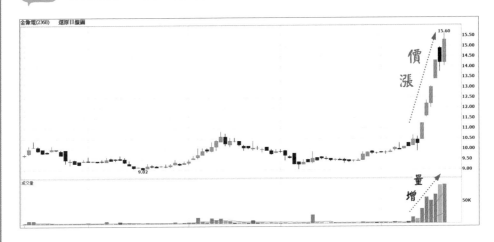

圖36-2　「本盟」（1475）被作手看上，突然急拉而上，然後倒貨下來套死一堆股民。

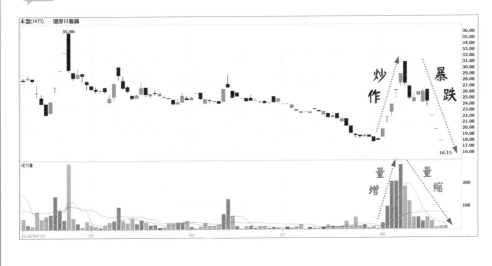

37 技術指標整合搭配

技術＋籌碼，能對走勢瞭如指掌

筆者主攻的是「技術面＋籌碼面」，技術指標只是其中一項，如果沒有籌碼面來驗證技術面，易被深諳技術分析的主力所騙。例如，隔日沖大戶利用漂亮線型，在投資人渴望買進股票的時候「先拉高再出貨」，同時由於公布資訊的時間誤差（主力今天的買盤，你在盤後才知道；第二天你出手買進，他剛好倒貨給你），跟進的股民難免受傷。

但是，籌碼面也會騙人。如果不是高手中的高手，可能無法判讀籌碼的真偽。因為主力也會故意利用「地緣關係」（讓你以為他是公司派），大量買進或賣出，誤導你的判斷；他也可以用多個分點，忽進忽出，來混淆視聽。畢竟官方只懂得懲治飆股，卻還不懂得正本清源，設定防制主力用「匯撥」的予取予求手段，以維護交易公平。所以主力仍可把他在「甲分點」（每一位投資人進出股票的券商分公司，叫做「分點」）買進的股票，「匯撥」到「乙分點」賣出，那麼你從公開資訊上看到的結論「在甲分點買進股票的主力尚未出貨」，就可能是錯誤的訊息。

提供幾種技術指標，讓新手操作時作為工具

當財大氣粗的主力佔盡優勢的時候，渴望分一杯羹的可憐小散戶，怎麼辦呢？只要好好研究一樣可以達觀權變。簡單地說，就是「技術面＋籌碼面」互相交叉運用，那主力就無法遁形了。因為線型都是主力用「銀子」畫出來的，他不砸銀子，怎麼可能改變線型？於是，技術指標也可以看出他的真正意圖。請看圖37-1，這是筆者為新手設計的一個看大盤的版面，包括有成交量、淨成交量（除掉當沖的量，以便觀察市場真正投入銀子的實量）、MACD、KD、騰落指標。

再看圖37-2，這是筆者選出對個股來說，比較適合新手也較為可靠的技術指標，包括成交量、RSI、KD、MACD、寶塔線。比較進階的投資人當然可以增加DMI、威廉指標等等其他項目。

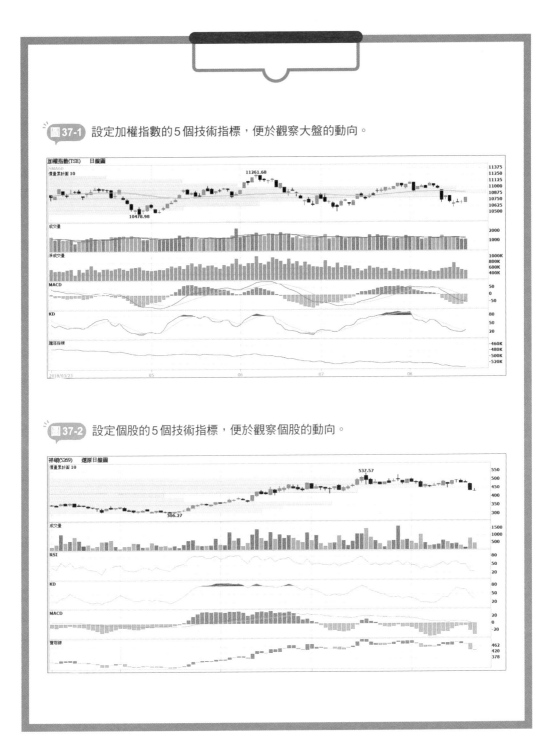

圖37-1 設定加權指數的5個技術指標，便於觀察大盤的動向。

圖37-2 設定個股的5個技術指標，便於觀察個股的動向。

如何利用3分K，在盤中逮到漲停？

2018年8月22日筆者利用獨家自創的選股程式，選出了幾檔潛力股。第二天，就在看盤時選中了其中一檔「楠梓電」（2316），進行交易。結果這檔股票收漲停了。這裡就無私分享給細讀本書的粉絲，作為回饋吧！

所謂「移動平均線」（MA）是操作股票相當有力的工具。它代表的是一定時間內的收盤價相加，再除以天數求出來的數字，然後將這些數字相連結而形成的線。我們比較常見的是用在短線看盤的日線圖上，或中長期的週、月線。比較少見的是「分鐘線圖」，其實要把線圖看得更清楚，或想要在「移動平均線」中尋找買賣點，利用「分鐘線圖」是更精緻的手法。每一位高手使用的分鐘線圖也不一致，1分鐘、5分鐘、15分鐘、30分鐘、60分鐘都有人使用。至於筆者為什麼別出心裁使用3分鐘圖，純粹只是方便把一天的行情在1頁之內一覽無遺。

事先做好功課，買賣點的捕捉就比較少出現意外

請看圖38-1，這是2018年8月23日的日線圖，❶是前兩天的K線已經由空轉多了。❷是前一天一根跳空長紅帶量的K線。❸是看盤當天，再收一根長紅。當天我是如何在盤中就逮到漲停板的？在過程中的買賣點如何尋找？

請看圖38-2的剖析。這是「楠梓電」（2316）完整的一天行情，就收納在3分鐘線圖裡，剛好一頁。❶開盤。❷因已突破開盤價，所以可試單或直接買進。❸「移動平均線」MA5穿越MA10而上，可以加碼買進。❹由於跌破頸線，可以當沖賣出。❺與❸的理由一樣，第二度買進。❻因為已經衝上漲停，可以賣出（做當沖處理），也可以留倉。

這天的成功因素是：❶別以為每一檔股票都如此簡單，而要歸功於事先選好了股票，強烈看多。❷前一天籌碼研究，就已看出某些主力大戶有換手再攻的企圖。❸是開盤之後，研判它走的是上漲的單邊行情，自然義無反顧，直抵漲停。

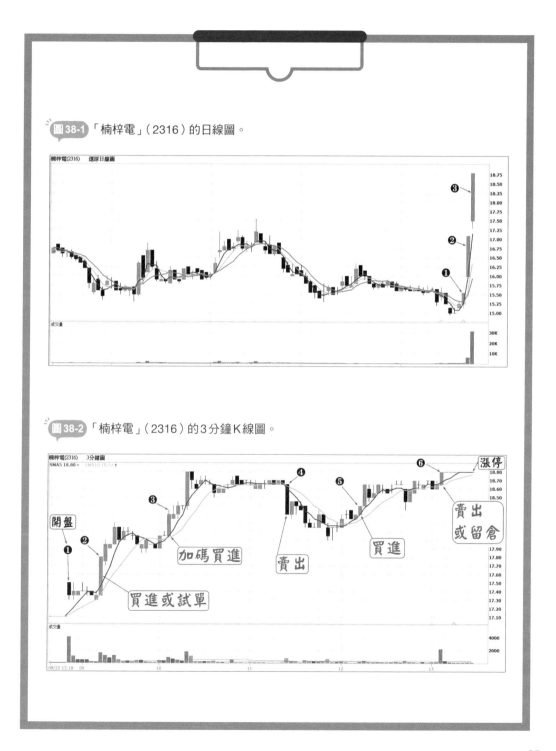

圖38-1 「楠梓電」（2316）的日線圖。

圖38-2 「楠梓電」（2316）的3分鐘K線圖。

39 看箱型K線的突破

如何利用日K線，觀察箱型突破？

著有《我如何在股市賺到200萬美元》一書的舞者尼可拉斯，是「箱型理論」的創始者。理論重點有二：❶當K線畫出「箱型」以後，一旦帶量突破箱頂，就可買進；帶量跌破箱底，就要停損。❷當新的箱型產生之後，「停利點」就必須改設在這個新箱型的底部。於是產生了「移動停利法」的法則，這樣就能避免太早賣出股票，獲利更大。

除此之外，我還歸納出他有幾個值得學習的智慧：❶自律與耐心非常重要。❷持股不要太分散，最好在5-8檔內。❸不要把精神耗在套牢、下跌的股票，因為賣壓重重，阻力會很大，應該專注於頻創新高的強勢股。❹要注意大盤，約束自己只能在股市環境適合時才進場。❺股票動態具有趨勢性，且具有相同的箱型理論特徵。❻不可疏忽成交量，股價突破箱型頂點必須挾有大量才算數。❼策略有誤，就要迅速認錯停損殺出。❽每天都應紀錄「失敗原因表」，寫下買賣各種股票的理由，並分析失敗的原因。

📊 突破大小箱型高點，通常會拉出一波大行情

請看圖39-1，「杰力」（5299）在此可畫出大、小兩個「箱型」。❶突破了小箱型的頂點，於是❷就很容易是跳空而上，並且收高。❸是在大波段行情要拉開時常有的中繼站，有點像暫時停頓的「休止符」。至於❹也是一個很重要的買進點，因為它已經高於大箱型的箱頂，於是❺就出現追價的跳空大漲，同時拉開波段行情的序幕。

再看圖39-2，「新美齊」（2442）在圖中也由於盤整的關係，形成了一個「箱型」，在此箱型的❶是其高點，可視為峰頂；❷是其低點，可視為谷底。一旦❸衝過了❶的高度，那就是一種「突破」。加上❹的大成交量，理應還有高點。不過，必須防範的是：如果❸這根大量是由「隔日沖大戶」拉抬的話，那行情也可能突然變成只有一天，這是新手比較不知道的，切記！

圖 39-1「杰力」（5299）在突破大箱型之後，拉出了一個大波段行情。

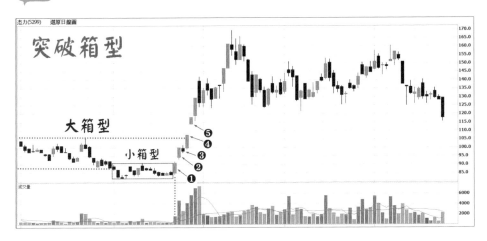

圖 39-2「新美齊」（2442）突破箱型的高點之後，必須防範隔日沖大戶次日的倒貨。

40 看箱型K線的跌破

如何利用日K線，觀察箱型跌破？

　　前一單元提到「箱型操作」的突破，現在來談談「箱型操作」的跌破。箱型跌破表示局部盤整已結束，跌破後不易回到箱型，所以執行賣出。萬一執行跌破賣出後，股價又回到「股票箱」內，最好不要立即買回，可等待突破買進的時機出現，或者乾脆換股操作。因為這是一種「假跌破」，不宜勉強買進或賣出，以免過度交易。「假突破」的對策是：執行突破買進後，如果股價又回到箱內，表示突破力道不足，應立刻執行賣出；而「假跌破」的對策，就是先攔下不管，不要急於買回。

　　筆者在某次「方天龍封閉式講座」中，曾貢獻出個人的獨家秘法，就是筆者曾用有效的「做空策略」、選出一堆線型上已經走空的個股，結果大部分都如我所預期的下跌了，可是卻有一兩檔股票「逆勢上漲」。那麼就繼續觀察，只要連漲兩三天，我們的心態上就要對該個股另眼看待、改空為多。結果果真逮到了做多的飆股！這理論依據就是，當下一定有強大的主力特別有心拉抬，才會不跌反漲。

跌破箱型，最好先觀察三天再做動作

　　請看圖40-1，「杰力」（5299）在圖中不論大、小的箱型，都跌破了。❶是大箱型的高點，也是主要的「起跌點」。❷則是這個大箱型的最低點，本來有一個長長下影線的紅K可為支撐，而在此一箱型的右下角也有一個小箱型。在這個小箱型，也有兩個高低點，分別是❸（低點）和❹（高點）。至於❺，則不僅跌破了大箱，更直接跌破小箱，於是股價就有往下發展的可能。

　　再看圖40-2，「國巨」（2327）在跌破箱型之後，股價一直不振。由虛線構成的箱型內，❶是高點，❷是低點。在這個箱型中，股價已經跌到右下角了，高點就先別看，先看低點有沒有跌破吧！圖中的❸，明顯跌破M字型的頸線，於是股價（一般都觀察3天）盤整之後，終於又再下一城了！

圖40-1 「杰力」（5299）在圖中不論大小的箱型，都跌破了。

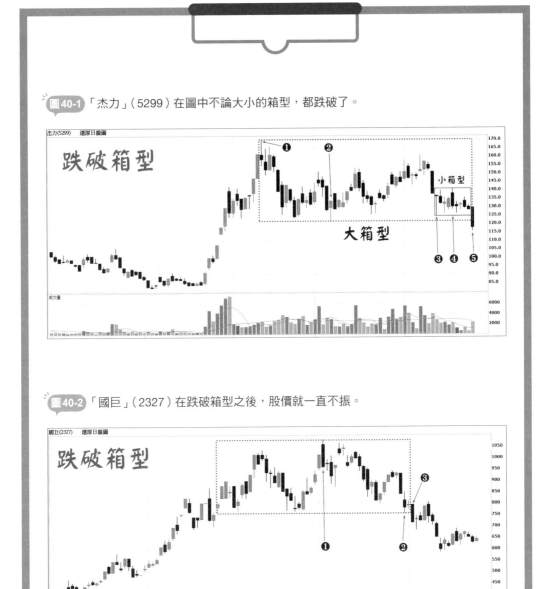

圖40-2 「國巨」（2327）在跌破箱型之後，股價就一直不振。

41　均線扣抵觀察 K 線

如何從均線扣抵，預判未來漲跌？

　　「均線扣抵」不知是誰發明的字詞，由於它無法「望文生義」、「一看就懂」，所以有些新手以為很難。其實原理很簡單。如果你是個做多的人，當「均線」（移動平均線）慢慢向上爬升的時候，表示股價一直在漲；「均線」逐漸下滑時，股價就一直在跌。那麼，我們有沒有辦法預先知道接下來的「均線」，可能會往上還是往下發展呢？

　　「均線」就是「一段期間每日價格的平均值」所畫出來的線。多少日子的收盤價平均值，就是多少日的均線值。例如5日均線，就是最近5天（含當天）的價格平均值；最近20天、60天的均線也是一樣。當這個平均值繼續增加，股價就漲；平均值繼續減少，股價就跌。只要我們看這條均線未來可能往上或往下，就知道未來是漲是跌。

📊 由扣抵值和當天的高低位置相比，就可以猜出答案

　　以「旺宏」（2337）為例，這裡採用的是「還原日線圖」。請看圖41-1，❸是我們要判斷未來漲跌的當天（2018年8月7日），收盤價為40.22。它的20日「扣抵值」就是❶的位置（2018年7月11日），收盤價為39.56；60日「扣抵值」就是❷的位置（2018年5月15日），收盤價為40.79。「扣抵值」的算法，就是把從❸到❶之間價格加總除以20，就是20日扣抵值；把❸到❷之間價格加總除以60，就是60日扣抵值。

　　那麼，我們怎麼算出8月8日、8月9日……以後的20日扣抵值和60日扣抵值，自然要從8月8日、8月9日……往前推算，也就是把前20天、前60天的價格扣掉，加上8月8日、8月9日……的新價重新計算。這樣的結果，我們可以得到一個結論：只要20日扣抵值和60日扣抵值的價格高於當天，20日和60日均線就會下彎、股價也會跌。如此我們就能很簡單地推測出2018年8月7日之後的行情。請看圖41-2，由扣抵值高低比較結果，20日線和60日線果然下彎，股價也跌了一段。

 以「旺宏」為例，說明如何用均線扣抵來預判未來可能漲跌。

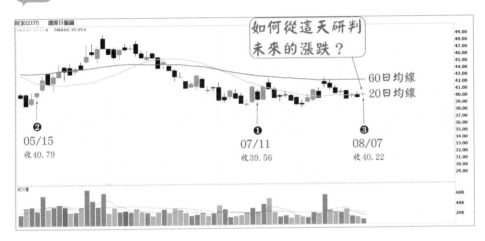

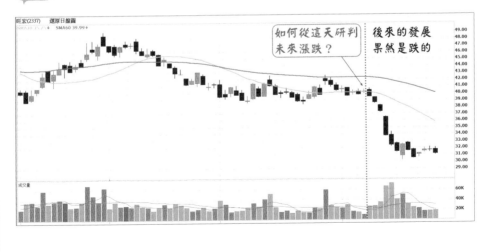 以「旺宏」為例，說明用均線扣抵研判未來可能漲跌，後來走勢果然是跌的。

如何畫趨勢線、順勢交易？

「趨勢」可分上漲、下跌、盤整等三個方向。如何畫出「趨勢線」？就是把K線圖上的兩個高點或低點相連成為一條線，這一條虛擬的線所形成的方向，就是一種趨勢。和趨勢同方向買賣，就是順勢操作，否則就是逆勢。

見圖42-1，「上升趨勢線」是由左下向右上攀爬的過程，這是多頭行情。它的K線總是高點越來越高（不斷創新高），而低點又不破前低。但是到了滿足點（或稱主力的目標價），就可能跌破趨勢線。當它再回到趨勢線時，那條趨勢線反而形成它的壓力。「下降趨勢線」則是由左上向右下滑落的過程，這是一種空頭行情。它的K線總是低點越來越低（不斷創新低），而高點也越來越低。殺到見骨了，也就是融資斷頭之際，賣壓大減，也可能「否極泰來」、突破下降趨勢線，翻空為多。至於「盤整盤」，則是日復一日地在箱型的宿命中打滾，直到突破頸線，才會改變未來。

讓突破或跌破趨勢線，來決定買進或賣出動作

市場永遠是對的。與其相信預測，不如相信趨勢。不與趨勢為敵，不與市場作對，是投資人基本的「趨勢」理念。有一句話說得更真切：「趨勢就像一匹馬，如果在馬的後面追，你永遠都追不上；你只有騎在馬上面，才能和馬一樣的快。這就叫做馬上成功。」操盤，須先判斷大盤的趨勢、了解方向。大盤多頭結構，只做多單；空頭結構，只做空單，才能大幅提高成功率。

請看圖42-2，這是以「光洋科」（1785）為例，連結兩個高低點、畫趨勢線的方法。圖中❶和❷是最近的兩個高點，❸和❹是最近的兩個低點。這兩條線延伸的結果，會形成一個下降趨勢的三角形。在❺的位置上看，它已經橫盤7天了，只要下一個交易日能突破三角形的上緣，並且放量，就有反攻的機會。在往後的日子，如果能再帶量衝過❷的高點，更容易出現一波大行情。

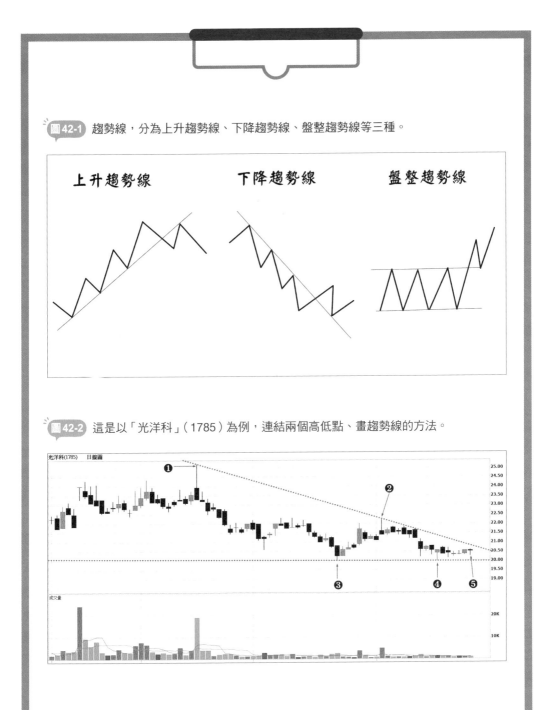

圖42-1 趨勢線，分為上升趨勢線、下降趨勢線、盤整趨勢線等三種。

上升趨勢線　　　　下降趨勢線　　　　盤整趨勢線

圖42-2 這是以「光洋科」（1785）為例，連結兩個高低點、畫趨勢線的方法。

43 多方炮的攻擊模式

多方主力炮擊，意在洗盤

　　有一種K線組合，叫做「多方炮」，也叫做「一星二陽」，是由三根K線組成，兩邊是陽線，中間是陰線。「兩陽夾一陰」是一件好事，代表賺錢的機會就要來了。當股價向上推升之後，突然出現「兩陽夾一陰」的走勢，是表示主力洗盤或整理的徵兆。不必猶豫，立刻介入，一定可以賺到價差。

　　同樣是技術分析的K線圖型，「兩陽夾一陰」卻跟「兩陰夾一陽」有著迥不相同的命運。「兩陽夾一陰」是適合「作多」的K線，代表多方的勝算較高，於是有所謂「兩陽夾一陰，窮人要翻身」。至於「兩陰夾一陽」呢？則是「呼爹又叫娘」！可見情況很不妙。這部分我們在「作空的實戰圖譜」再細述。

兩陽夾一陰，主力洗盤的動作要有連續性

　　也許您會問：「兩陽夾一陰」的案例，不是很好找嗎？K線非紅即黑，只要兩根紅K線，中間出現一根黑K線，不就得了？

　　——當然沒那麼簡單！我們來看圖43-1「宇隆」（2233）和圖43-2「敦泰」（3545），它們都是在攻堅向上的過程中，不斷出現這樣的三根線型組合，這樣的組合，代表了什麼意義呢？就是「洗盤」。主力洗盤，就是讓「沒信心或是保守的人」（這樣的人就叫做「浮額」）做出「賣出」的決定。這就是「甩轎」。主力在洗清浮額之後，就不會被綁手綁腳，可以放手一搏。

　　根據筆者的研究，「多方炮」仍然是有些特別條件的：❶在兩根紅K線之間夾帶的一根黑K，必須是「十字線」或「紡錘線」。也就是說，中間的那一根實體要短一點。❷前後兩根紅K線，必須後一根高於前一根。❸這個線型所以被稱「一星二陽」，就是因為中間那根K線是「星型」線。❹被稱為「多方炮」，是指有如「多方」炮陣地所連續發出的、連綿不絕的炮聲。所以，最好有多個同樣的組合，才能證明是主力在「洗盤」。圖43-1和圖43-2的案例就是如此。

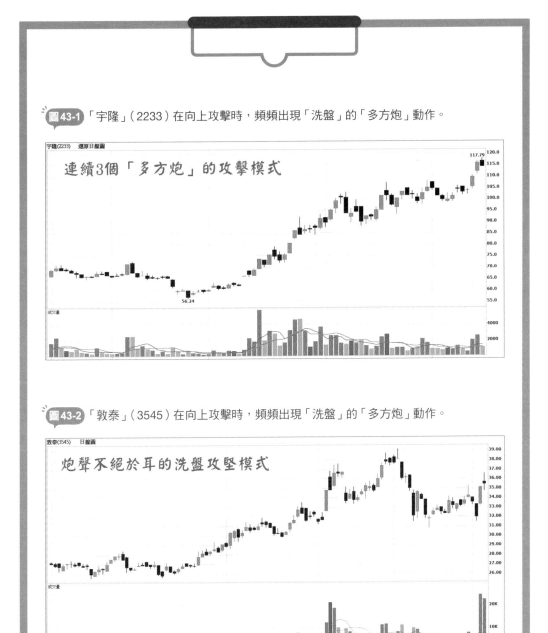

圖43-1 「宇隆」（2233）在向上攻擊時，頻頻出現「洗盤」的「多方炮」動作。

圖43-2 「敦泰」（3545）在向上攻擊時，頻頻出現「洗盤」的「多方炮」動作。

抓你腰帶將你摔出

大跌後，何時可以進場？

　　大家應該都聽說過日本的「相撲」競技吧？在一個叫做「土俵」的臺子上面，兩個胖得不能再胖的肥仔，下半身只綁上一條「褌帶」，幾乎全身赤裸裸的，互相抓住對方的「褌帶」在較勁，看誰能把對方摔出「土俵」之外。這種源自於東瀛宗教儀式的競技比賽，已經成為日本「國技」的活動項目，讓一向為身材自卑的胖子，不再「英雄無用武之地」了。

　　在「相撲」競技的舞台上，股市的「多方」和「空方」就是兩個想把對方摔出「土俵」之外的胖子。「多頭褌帶」的意思，就是在股市已經大跌一段時日之後，多方原本居於劣勢，可是使出蠻力，用力一摔，終於把對方摔出「土俵」之外。

📊🔍 多頭褌帶，有點像「上影線特別短的倒鎚線」

　　大跌之後，什麼時候可以進場？其實具備這種「反敗為勝」神力的胖子，並非只有「多頭褌帶」這一個。舉凡「紅三兵」、「鎚子線」、「多頭吞噬」、「多頭母子」、「多頭褌帶」、「多頭遭遇」、「三長下影線」（連續三根長下影線的K線組合）、「內困三紅」等，至少有8種模式，是可以扳倒「空方」對手的。請看圖44-1，這是以「泰銘」（9927）為例，虛線框起來的部分，就是屬於「多頭褌帶」的模式，在一段下跌行情之後，到底部出現一根長紅。這根長紅，通常沒有下影線，而上影線又很短。開低走高，收盤價格壓回來一些，雖非最高價，但絕對壓過前一天。

　　再請看圖44-2。這是以「光寶科」（2301）為例，說明「多頭褌帶」。它從高處跌下來，多方一直處於挨打的局面，直到底部出現一根K線如前述的「長紅、無下影線、上影線很短」，才改變了頹勢，引領行情反轉向上。筆者長年累月在看盤，早就注意到這個「反敗為勝」的線型特徵，總覺得這根「多頭褌帶」線，常是底部反轉的訊號，也有點像「上影線特別短的倒鎚線」。

圖44-1 這是以「泰銘」（9927）為例，說明「多頭執帶」的特徵。

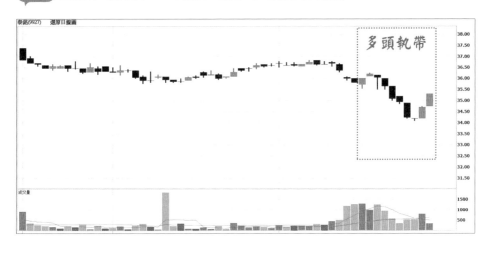

圖44-2 這是以「光寶科」（2301）為例，說明「多頭執帶」的特徵。

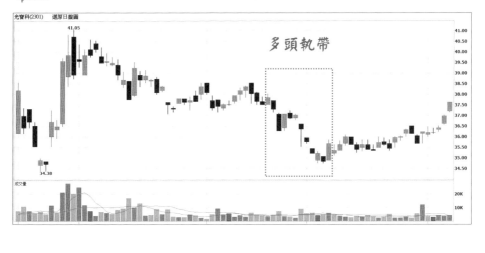

45 步步高升的紅三兵

大軍至，「紅三兵」旌旗飄揚

「紅三兵」，又叫做「三紅兵」、「三白兵」。為什麼叫「三白兵」呢？因為有些書是黑白印刷的，「紅」的感覺印不出來，所以只好改叫「三白兵」了！彩色印刷的書，就是不同凡響，紅黑清楚，毫不混淆。

低檔出現的「紅三兵」是最令多頭喜悅的，因為接下來很可能是一段大行情。試想，連續三根長紅線，收盤價都步步墊高，是不是像高大整齊的憲兵儀隊成員，挺胸抬頭、吹號擊鼓地一路前進，極顯出軍威的盛大！首先，多方的士氣就被提振起來了！所謂「連漲三天，散戶不請自來」，說明此一K線組合，確是一個適合「作多」的隊伍。

每根K線都開在前一根紅棒實體內，強強聯手

不過，自從官方以優惠辦法鼓勵「現股當沖」之後，大戶挾資金優勢，頻頻短線操作，已經造成大部分的股票都容易出現上影線了。據筆者觀察，三根長紅，都是沒有上影線的，幾乎很難出現；如果有，通常都呈「跳空」形態進行，這就不是「紅三兵」了，因為「紅三兵」的特徵如下：❶連續三根長紅線，收盤價都持續墊高。❷每根K線開盤價都落在前一根線形的實體內。❸每一根線形的收盤價都落在最高價附近。從其中❷的規定，這就說明，跳空的紅三兵，應該另起爐灶，不在這個範圍內。它的氣勢肯定比紅三兵更盛。

請看圖45-1的「好德」（3114）、圖45-2的「英利-KY」（2239），在出現「紅三兵」的特徵之後，多半會有一大波段的漲幅。我想，有一點上、下影線，是無所謂的。最重要的是3根K線中，要1根比1根收盤價更高，1根比1根的低點更高，這樣才算是步步墊高。圖45-1的「好德」在紅三兵的前一天是一根非常長的上影線，價跌量大，看來似乎岌岌可危；圖45-2的「英利-KY」也是一根創3日新低的情況，但它們都由於紅三兵的強勢介入，其後的走勢便氣勢如虹、翻空為多了！

圖45-1 「好德」（3114）出現「紅三兵」的特徵之後，多半會有一大波段的漲幅。

圖45-2 「英利-KY」（2239）出現「紅三兵」的特徵之後，多半會有一大波段的漲幅。

46 低檔出現了五連陽

如何看出股票有主力強勢介入？

　　低檔五連陽，一般都是在一根長黑或中黑之後，未再繼續大跌，反而是收小紅，而且似有止穩的跡象，原來是連續5根小紅，把股價撐住了。這5根小陽線，就叫做「低檔五連陽」。低檔五連陽，也可能出現在股價上升趨勢的初期，尤其是有人準備炒作時，高手通常很容易從這種線型組合發現痕跡。這五連陽的排列，不只橫盤，有時還會逐漸向右上方傾斜。

　　2016年9月的「大同」（2371）遭作手炒作案，初期就是出現「低檔五連陽」的特徵。這是一宗真實的炒作案件，經2018年9月報載，我們才知道個中情況。原來是一位鄭姓的台商和上海知名地產大亨共謀，找來一位知名的股市作手配合，利用資金繞道香港聯手炒作大同公司股價，不法獲利超過11億元，終於被台北地檢署依違反證交法等罪嫌起訴了，這是台灣首樁陸資繞道香港炒股的案件。

📊🔍 低檔五連陽，常是有人準備炒作的初期特色

　　圖46-1，是這位作手第一波的炒作過程，時間在2016年9月初（漲勢開始），到2016年12月初止（漲勢結束）。為期三個月。圖46-2，是作手第二波的攻擊行動，速攻速結，為期僅一個半月（漲勢始於2017年1月初，結束於2017年2月中）。

　　先看圖46-1，在這張「大同」日線圖中，❶的量已見擴大，出現長紅的❷因超過左邊的高點，形成起漲的買點，接下來的❸和❹都在十字的「中繼站」休息一下，然後出現了攻擊意味濃厚的「低檔五連陽」。連續的兩個低檔五連陽之後，自然需要拉回整理幾天，再緩步趨堅，逐漸攻上❺的高峰才略見拉回。為什麼❺是漲勢結束呢？因為沒量了。

　　再看圖46-2，同樣的「大同」日線圖中，❷所包含的五個小紅，就是低檔五連陽。它的位置已見到比❶稍高了。❸則是明顯的突破點，攻到❹已步履蹣跚，而❺❻則是迴光返照的更高點轉折，直到❼才因跌破頸線、確定漲勢結束。

圖 **46-1** 「大同」（2371)炒作案，作手第一波攻擊的開始與結束過程。

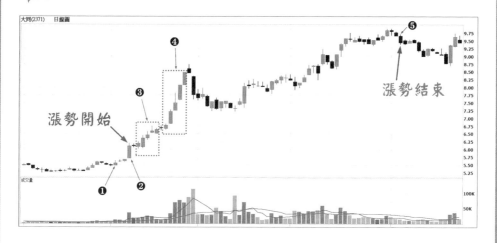

圖 **46-2** 「大同」（2371)炒作案，作手第二波攻擊的開始與結束過程。

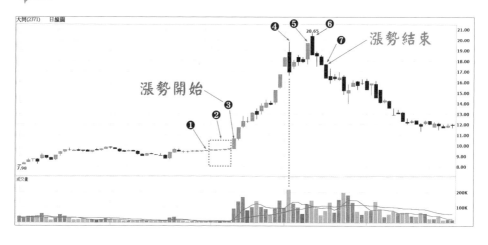

47 「單日反轉」戰法

「一柱擎天」是如何的K線組合？

俗諺：「事到著急處，就有出奇處。」一檔股票如果出現了大利空，直接反映就是跳空跌停，最常見的是「一字型」跌停，也就是開盤價、最高價、最低價、收盤價，四價同一。在台股的歷史上，前財政部長郭婉容「證所稅事件」所造成的連續19天跌停，是中年股民的夢魘；經國先生、王永慶的謝世，一度也讓台股「山河變色」，股價大幅拉回。但是，跌深之後，難道都不會反彈嗎？

是的，有時候，有遠見的投資家或發現有機可趁的作手，就會利用「撿便宜」的機會，逆向操作、強勢買進，形成了「單日反轉」的戰法──讓股價由跌停變漲停！這時，「山窮水盡疑無路，柳暗花明又一村」，可稱得上最富詩意的闡釋。

收不收漲停，與後來走勢強不強很有關係

當股價在一個中期下跌的走勢中，出現單日反轉的訊號──突然由空轉多、從連續跌停變漲停，這就是「中流砥柱」、「一柱擎天」的K線組合訊息，也是非常具有威力的底部反轉型態，接下來股價可能「破底翻」了。

請看圖47-1，「振維」（3520）在連續急速下挫跌停板之後，在某一天突然出現來的「長紅線」，由開盤的向下跳空跌停，直拉到收盤的漲停。股價在一天之內，呈現極端相反的走勢，其反轉型態在一日內完成，形成「單日反轉」。其特徵如下：❶出現在底部（短期沒有更低價）。❷前一天是一根「一字線」或其變形（丁、⊥）。❸當天是一根「長紅線」，開盤跳空跌停，收盤以漲停或接近漲停作收，股價異常強悍。❹成交量急速放大。

再看圖47-2，「松崗」（6240）日線圖中，❶和❷都算是類似於「中流砥柱」、「一柱擎天」的K線組合，但前者並非由跌停到漲停，而是由平盤到漲停，但其後也有一大段行情；後者雖然是由幾近跌停拉到漲停，但又被賣壓摜下，並不收漲停，所以其後走勢便沒那麼強了。

圖47-1 「振維」（3520）是個標準的「一柱擎天」K線組合。

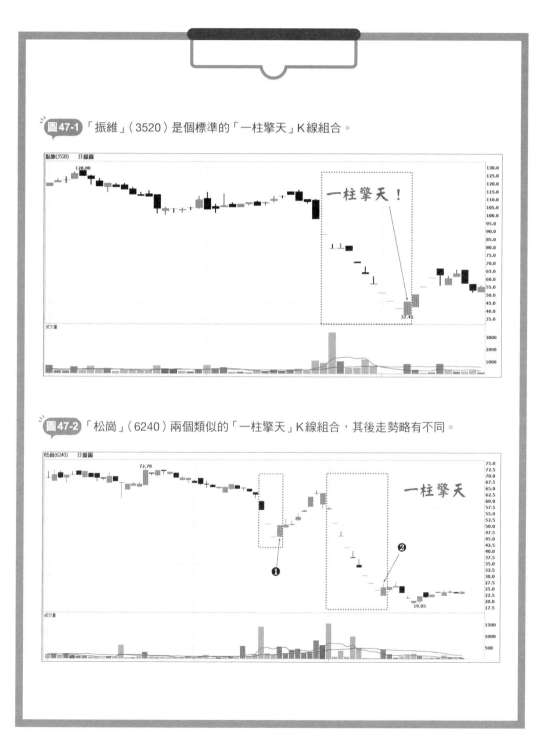

圖47-2 「松崗」（6240）兩個類似的「一柱擎天」K線組合，其後走勢略有不同。

48 「雙日反轉」戰法

如何看出趨勢轉守為攻？

我們常說，股價走勢共有三種特性，也就是俗稱的「趨勢」：❶向上趨勢，也就是多頭行情。❷向下趨勢，也就是空頭行情。❸橫向趨勢，也就是盤整行情。說來說去，最重要的結論則是：趨勢一旦形成，就不會輕易改變。

但是，趨勢只是不會輕易改變，但是並不是不會改變。一旦趨勢要反轉，「買氣」勢必會先產生變化。所以只要抓住買氣的動向，就容易抓住趨勢改變的第一時間。大抵來說，在下降趨勢形成時，「天上掉下來的刀子不要去接」是對的。在還沒見到趨勢由空轉多之前，千萬不可加碼攤平，因為那是賭博，不是操盤。

雙日反轉的主角，是墓碑十字加收漲停的K棒

趨勢改變，「買氣」的產生從什麼線型可以看出來呢？從部分K線的元素組合，可以窺知一二。一般來說，由空轉多，或由盤整轉趨積極上揚，會醞釀出「質量」的改變。有一種快速的改變，叫做「雙日反轉」。在「下跌」或「盤整」趨勢的尾端，股價在兩天之間，出現了極端對比的反轉走勢，多空雙方力量明顯發生逆轉，整個行情就改觀了。

經典的「雙日反轉」戰法，是「墓碑十字」加「蜻蜓十字」，但也可以有類似的變形。但必須保留「墓碑十字」，不可撼動。請看圖48-1，「和勤」（1586）的❶❷代表著下降的趨勢，❸❹則代表著上揚的趨勢。這樣的「雙日反轉」，重點在❷和❹這兩根。前者是「墓碑十字」或墓碑十字的變形，後者則是鎚子線或長紅。再看圖48-2，「欣興」（3037）在出現「雙日反轉」K線組合之後，終止橫盤的局面開始上攻了。圖中的❶❷代表著盤整的趨勢，❸❹則代表著上揚的趨勢。重點是在❷和❸這兩根，這兩根的K線組合是最標準的「雙日反轉」戰法，因為前者是「墓碑十字」，後者是「鎚子線」。這兩根K線組合才是重點，❹只是確認它（趨勢）的改變而已。

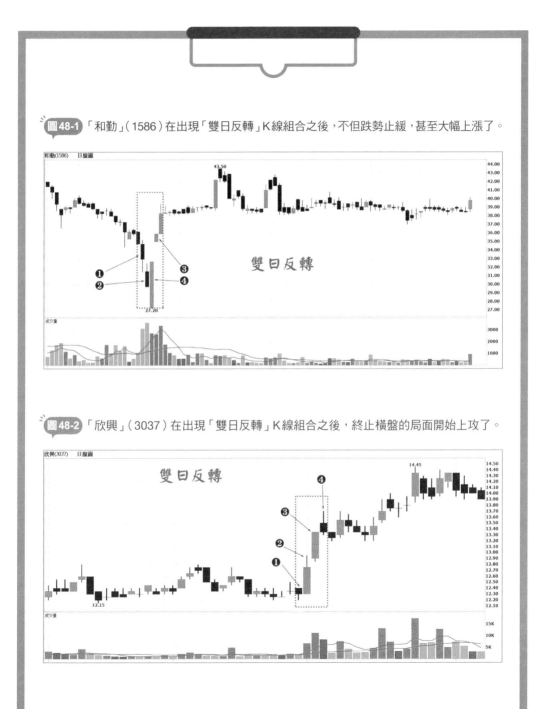

圖48-1 「和勤」（1586）在出現「雙日反轉」K線組合之後，不但跌勢止緩，甚至大幅上漲了。

圖48-2 「欣興」（3037）在出現「雙日反轉」K線組合之後，終止橫盤的局面開始上攻了。

49 空頭最後回補機會

被追殺的多頭，援軍到了！

在股市中，口袋較深的有錢人，只要懂得資金控管，一般來說，績效都比沒錢的小散戶高。因為散戶通常都是資金較少的族群，為了「以小搏大」，不得不以融資（向券商借錢付利息買進股票）方式操作股票。雖然，現代的股市征戰，基於某些策略，有些主力大戶也一樣使用融資，來擴大他對盤勢的影響力，但基本上，「融資」仍是散戶的代名詞。

使用融資，比較擔心的是「斷頭」。斷頭的意思是，你自已使用融資所付的「保證金」的錢可以賠光，但是券商借你的錢不能賠，因為券商是營利事業，當你的持股虧損很大時（維持率不足百分之一百二十），他們就會來向你要錢來補足，叫做追繳保證金。

「閨中乳燕」提醒空頭迅速回補，才有下台階

所謂「多頭不死、空頭不止」，當股市跌深的時候，往往會出現最後的幾根長黑，那多半是融資斷頭的結果。有一種K線組合，叫做「閨中乳燕」，就是提醒空頭「見好就收」，否則可能會被軋空。這就是「空頭最後回補機會」。請看圖49-1，它的特徵是：❶在下跌趨勢中，由四根黑K線組成，連兩日長黑K後，出現「倒鎚線」。❷第三日向下跳空開盤，但當天股價曾經伸入前一天的實體內（高點高於前一日收盤價）。❸第四日開高走低，創了新低，第四根陰線實體完全包含了第三日的線形（包括影線在內）。出現以上三個特徵，就是見底反轉訊號了。

再看圖49-2，「高技」（5439）在出現「閨中乳燕」的K線組合之後，行情就翻空而上。它是由4條K線組成的，前兩條是長黑K，有點像「融資斷頭額子」殺出來，接著是「倒鎚線」（倒狀鎚子線），最後一條則是長紅線。當多頭被殺到見骨頭了，空頭就不能再戀棧，必須及時回頭，也等於給自己留一個「下台階」。這就是所謂的「趕狗入窮巷，提防反噬（反咬）」的股市哲學。

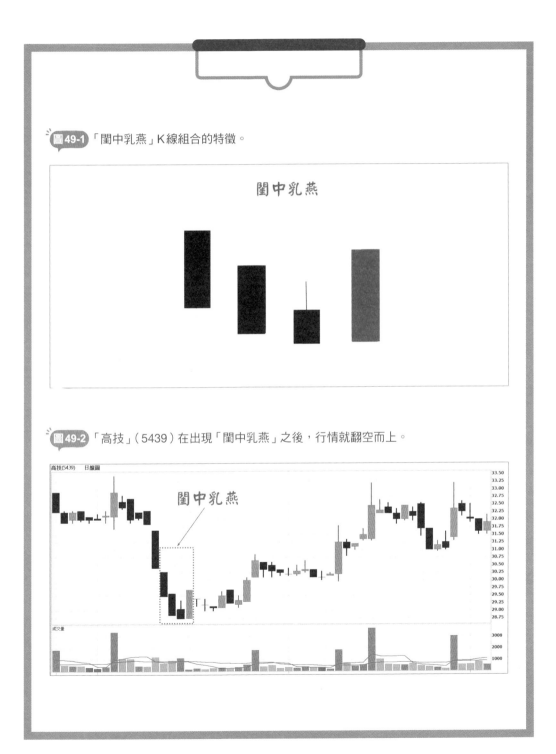

圖49-1 「閨中乳燕」K線組合的特徵。

閨中乳燕

圖49-2 「高技」（5439）在出現「閨中乳燕」之後，行情就翻空而上。

閨中乳燕

50 長紅背負最後希望

「包絡線」收最高，又過新高！

「包絡線」是筆者在「XQ全球贏家」軟體內看到的專有名詞。在它「短線法寶」的選股裡，能選出的次數遠沒有「孕抱線」來的多。不過，這兩種線型有點對照的作用。「孕抱線」是一條長K線，搭配一個小十字或小星型紡錘線等等，兩條K線並列，形同一個懷了孕的婦女。這種線型比較常見。而「包絡線」則是先短後長的兩條K線，並列起來，有點像一個男人背負著一個小孩。但是，這兩種K線組合，同樣是做多的，所以都需要第三天的開高或收高來確定，行情是否可以繼續做多。

「包絡線」用公式來說明是：❶昨天最低點＜前天低點。❷昨天高點＞前天高點，且收在高點。❸今天開高。從以上這包含三個條件的定義來看，昨天的K線必然是長紅，而且它的總長度（包括上、下影線）應該是很長的。為什麼研判它必定是長紅？因為既然收最高，當然如此。至於前天和今天的K線，並沒有規定是紅K，還是黑K。

📊🔍 出現包絡線，在短多買進後獲利機會不小

請看圖50-1，「星通」（3025）出現「包絡線」K線組合後，曾經再衝上更高點才歇息。❶是在前面股價拉回時，量也跟著縮小了，❷的這一天最低點，確實比❶更低，而它的最高點，也比❶更高，同時因為是「光頭長紅」，所以自然是收最高了。❸不僅開高，還是跳空開高，於是確認了行情的必然走高。不過，在兩天後由於衝得太快了，乖離率過大，後來也跌下了一大段。但從短線的觀點來看，在「包絡線」的訊號出現後買進，仍有高點可以獲利賣出。

我們看圖50-2，「全新」（2455）在出現「包絡線」K線組合後，就有較大一波的行情。圖中的❶量縮得很厲害，注意到沒有？它的價格線型看起來很短，和❷的長紅，看起來是不是像一個男人背負一個小孩？❸開高，就確認這個K線組合之後，會往更高的方向前進。

圖50-1「星通」(3025)出現「包絡線」的K線組合後,曾經再衝上更高點才歇息。

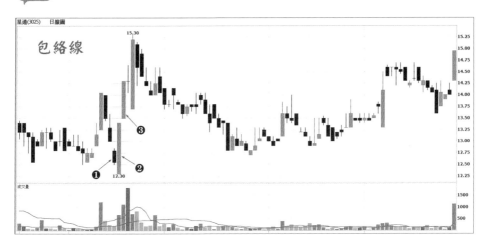

圖50-2「全新」(2455)出現「包絡線」的K線組合後,曾經有較大一波的行情。

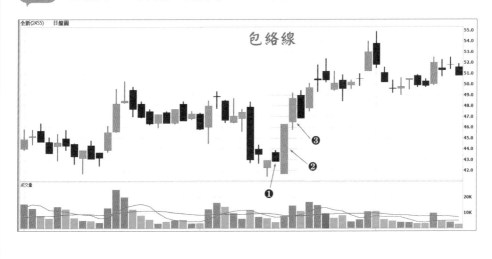

51 虎落平陽終將平反

如何判定股價是在「裝死」？

「虎落平陽」這一招，是我經常碰到而且深有所感的Ｋ線組合。「平陽」是指平原。老虎一般都住在山林，以便隱蔽自己，好對獵物發動突然的襲擊；一旦老虎到了平原地區，沒有叢林掩護，其爆發力就不復存在，連獵犬都不怕牠們。古書《醒世姻緣》就有「龍游淺水遭蝦戲，虎落平陽被犬欺」這樣的說法。

當你發現一檔自己選上的潛力股，居然拉出漲停板時，開不開心？當然開心！但是，如果次日表現不佳，是不是有點失望？萬一第三天又收黑，是不是也很難過？更糟的是，第四天還是收了一根黑線，是不是很沮喪呢？你會很感嘆如此「價量俱揚」的股票怎麼就如此「虎落平陽被犬欺」呢？它完全不合技術分析，不是嗎？

📊 強勢股隱忍，八天後續拉漲停不奇怪

其實，如果您天天都在看盤，就比較有經驗了。有時股價只是在「裝死」，企圖考驗您的耐心而已。我曾經在其他的著作中提到自己發現的兩次案例，就是投信在不同的時段中，兩度「裝死」的表現：在拉漲停之後，故意洗盤了七天，然後在你失望認賠的時候，卻又在第八天拉出漲停。這一招經常把喜歡參考投信買賣超資料的新手甩了轎。因為他們往往都在第六、七天的時候就停損了。

請看圖51-1，「年興」（1451）出現「虎落平陽」的Ｋ線組合。❶就是一根「價量俱揚」的長紅，沒想到次日❷卻是「開盤就跌」、也沒創新高的表現，不僅如此，❸還繼續下跌，❹以下更是跌跌不休。然而，事後來看，才會發現原來主力是在打持久戰，深怕在拉抬股價過程中會被「獲利回吐」的賣壓所牽絆。再看圖51-2，「廣達」（2382）出現「虎落平陽」的Ｋ線組合之後，也有一段蟄伏期，❶是價量俱揚的長紅，❷❸❹三天都不過高，直到❺才解套，繼續上攻。所以，碰到「虎落平陽」的Ｋ線組合時，還是別急於停損吧！

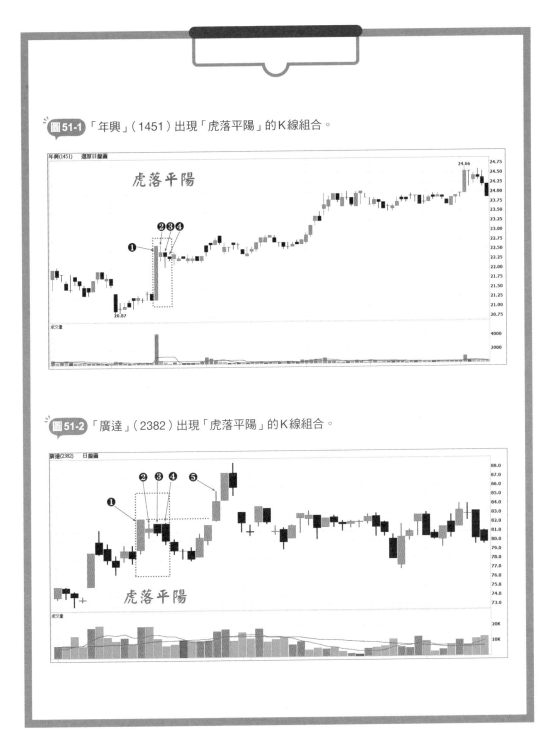

圖51-1 「年興」（1451）出現「虎落平陽」的K線組合。

圖51-2 「廣達」（2382）出現「虎落平陽」的K線組合。

52 多頭吞噬強攻上陣

吞噬加突破，把空方吃乾抹淨！

「吞噬」是一個很厲害的攻擊手段，它的成功率之高，從「吞」這個字眼就可以看出來。把敵人一口吞下，意即不待消化就讓它入口，就是讓對方「措手不及」、「猝不及防」就進了你的肚子，可見多麼有效率！

「多頭吞噬」的K線組合，基本上是兩條線，前面這一條是陰線，較短；後面一條是陽線，較長。這個K線組合，通常發生在下降趨勢中，才有「敵我關係」，把對手「吞」了下去。第二天雖然開在比第一天更低的位置，可是在收盤前，卻能高過第一天的開盤價，把它的實體全「包」進去。這就是「多頭吞噬」，多方把敵人吃乾抹淨了。

📊 標準的外側三紅，是「黑、紅、紅」的組合

至於什麼叫做「外側三紅」呢？這是從西洋技術分析家那兒翻譯過來的名詞，Three Outside Up（外側三紅）意即在「多頭吞噬」之外，還有第三根K線，它是高於前兩根的紅K。這「黑、紅、紅」三線組合的突破架式，已為未來股價上揚，展示了契機！出現這樣的K線組合，股價理該大漲。如果不漲，表示其中一定有問題，也很可能是量能不夠。這時，就要再從籌碼去研究是否主力的設局「騙線」。

請看圖52-1，「陽程」（3496）出現連續兩個的「外側三紅」的K線組合。圖中❶❷❸是一組，❹❺❻又是另外一組。❶是在下跌趨勢的尾端，留了長長的下影線，第二天❷就把❶的實體全吞掉了，第三天❸則突破了前兩天的高點。❹❺❻也一樣是「黑、紅、紅」三線組合，❻更突破了前面的高點。

接下來，再看圖52-2，「雷科」（6207）在高低檔區分別都出現過「外側三紅」的K線組合。圖中❶❷❸是「黑、紅、黑」的組合，因為在高檔區，所以漲得有點勉強。❹❺❻就是非常標準的「外側三紅」了，它不但在低檔區，同時也是「黑、紅、紅」的組合，果然其後就有很好的發展，股價至少大漲一倍。

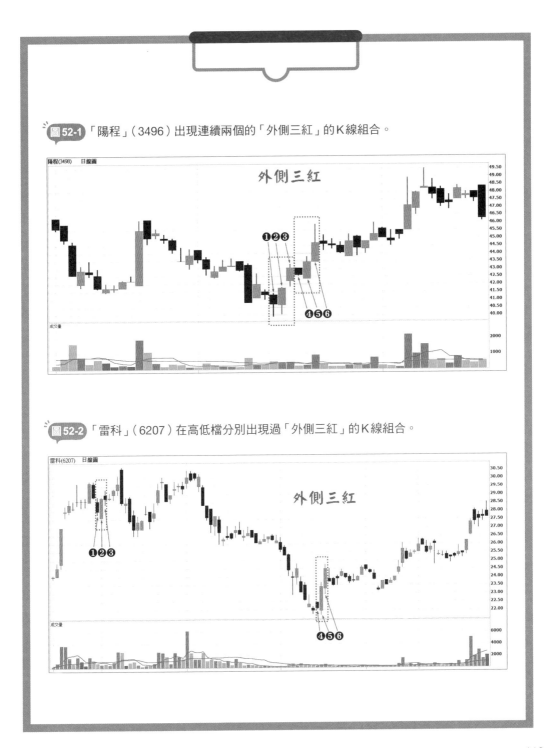

圖52-1 「陽程」（3496）出現連續兩個的「外側三紅」的K線組合。

圖52-2 「雷科」（6207）在高低檔分別出現過「外側三紅」的K線組合。

53 多方母子線的確認

「內困三紅」，反擊威力大！

在K線組合中，通常會稱「母子」，多半是因為一長一短，或某條線在另一條線的實體內。相對於「外側三紅」，「內困三紅」也是從西洋技術分析家那兒翻譯過來的名詞，原文是 Three Inside Up。

「內困三紅」源自「多方母子線」，也是在下降趨勢中出現。第一根「中長黑K線」的量比較大；第二根「中小紅K線」的量就縮小了，這就是多方母子線的特徵。這根中小紅K線的量縮小，有助於多方醞釀一波攻擊行動；第三根K線，如果開高收紅，且一舉越過「中長黑K線」的高點，又帶量，接下來很可能就是一次大的轉折點。所以，這等於是在「多方母子線」的基礎上，再加以確認。多頭很可能就此反轉向上。

📊 母子受困，短暫休息就為了走更長的路

請看圖53-1，「福懋」（1434）出現「內困三紅」的K線組合，正好就在低檔區，或者毋寧說，這個K線組合之後，就沒有低價了，有點像「報復性反擊」似的強勁有力，以致形成了V型反轉。圖中的❶是一根帶有上影線的長黑。其實，在此之前，股價已經大跌一段了，來到這裡已夠憋屈了！❷這一天，線型就很短，並且是在❶長長的實體內，量也縮小了，這就好像拳王把拳頭收回來，再出拳就更有力了！❸就是出擊！它的收盤價就創了三日新高。後來的股價發展，果然青雲直上。

再看圖53-2，「盛群」（6202）出現「內困三紅」的K線組合，在這一張圖中，就出現了三次。❶是第一個「內困三紅」的K線組合，它是「黑、紅、紅」，第二根K線也在第一根的實體內，第三根則突破了前二根的高點。❷是第二個「內困三紅」。不同的是中間那一根是十字線，不過，也是在第一根的實體內。第三根一樣突破了前二根的高點。❸是第三個「內困三紅」的K線組合。這個組合的最後一根是十字變盤線，卻為未來的走勢寫下了未知。

圖53-1 「福懋」（1434）出現「內困三紅」的K線組合。

內困三紅

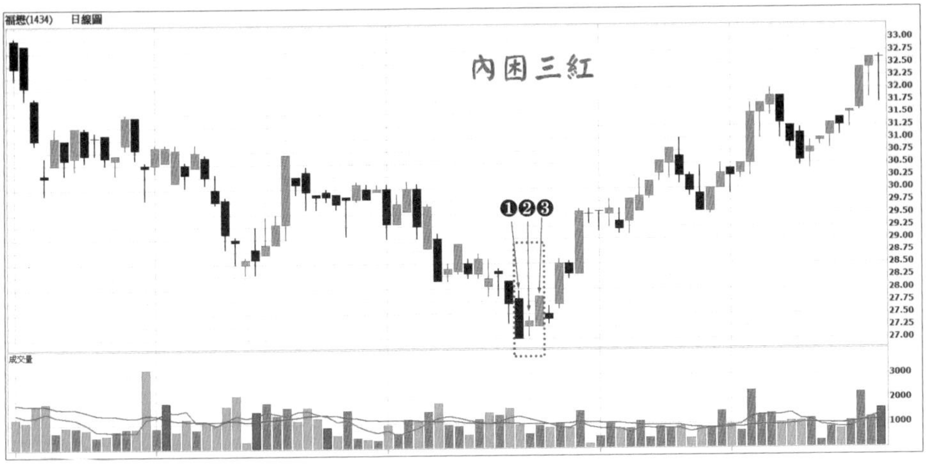

圖53-2 「盛群」（6202）出現「內困三紅」的K線組合。

內困三紅

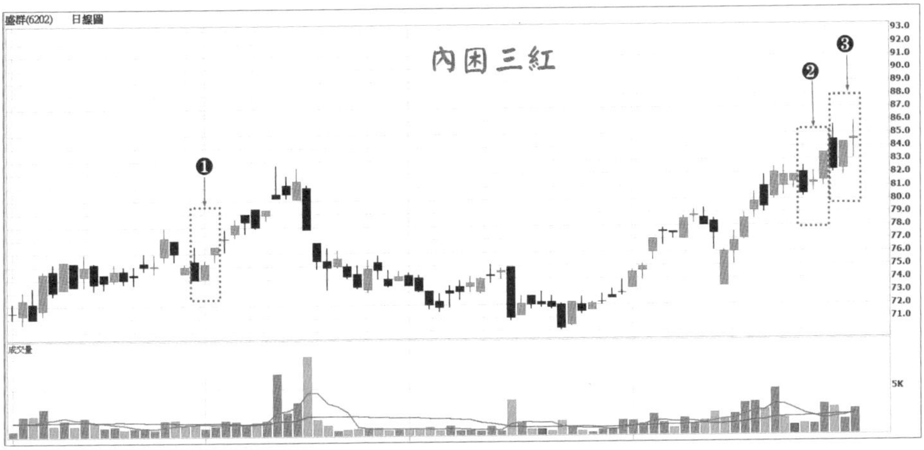

54 母子十字變盤反彈

「母子晨星」，走高機會大！

　　研究技術分析，「晨星」是必修的K線模式。它有好多種類，但多半是由三根 K線組合而成。它的對應型態是「夜星」。它們都是反轉型態之一。當「晨星」的K線組合出現時，就暗示著價格即將走高。

　　黎明之前，都是黑暗的。所以「晨星」的第一根線型肯定是黑K。也就是說，第一根是在下跌趨勢中的長黑，接下來出現的是實體較小、向下跳空的線型，而第三根則是紅線。這根紅線會貫穿進入第一根黑K的實體內。最可靠而有效的「晨星」，當然是：第2根線型和前、後兩根線形的實體之間，最好都有跳空缺口。因為這等於是「島狀反轉」，也是一日內反轉的狀態。

🔍 黑K、變盤、走高，十字路口有了明確方向

　　在下降的趨勢中，當股價已經跌深，在一根中長黑的K線之後，第二天出現轉機的「十字」變盤線，同時股價在前一根中長黑K線的實體之內，這就稱為「母子十字」，表示價格即將反轉而上。當然，也有可能走跌。但是，如果是「晨星十字」則宜做多。因為在「母子十字」線之後，如果出現中長紅的K線，同時，開盤價是開在十字線的「收盤價」之上，並且收盤價還突破中長黑K線的高點。那就叫做「晨星十字」。這樣的K線模式，走高的機會幾乎可以確認。相反的，如果「母子十字」線之後，出現的是中長黑的K線，那走跌的機率就大增了。

　　請看圖54-1，「宜進」（1457）在圖中出現過兩次「母子晨星」的K線組合。兩次都是「黑、紅、紅」，❶和❷的第一根K棒都是中長黑，第二根都是十字線，第三根都是位置較高的中長紅，所以是標準的「母子晨星」。再看圖54-2，這是「寶成」（9904）在出現「母子晨星」後的行情發展。圖中❶是留有上影線的中長黑，第二根也是十字線，第三根也是較高位置的中長紅。所以，這也是一個標準的「母子晨星」。

圖54-1 「宜進」（1457）兩次「母子晨星」的K線組合。

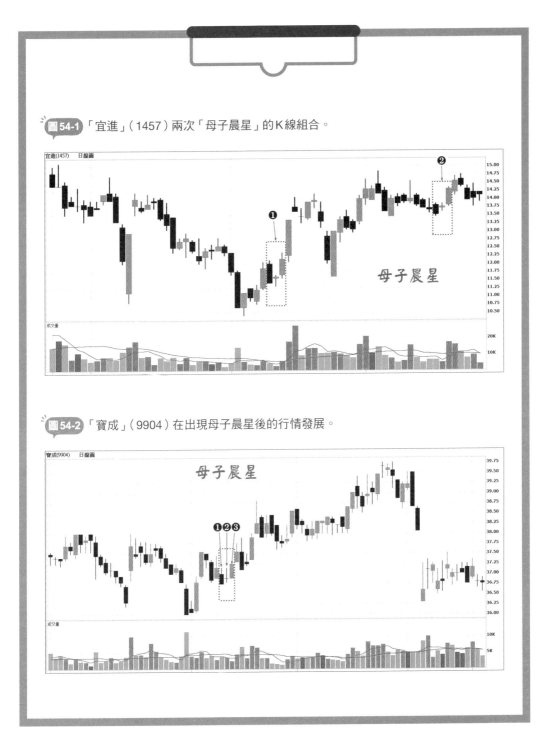

圖54-2 「寶成」（9904）在出現母子晨星後的行情發展。

55 黑黑紅的買進布局

「飛鴿歸巢」，蓄積上攻能量

　　麻雀是用跳的、鴿子是用走的，燕子是用飛的嗎？不知曾幾何時，技術分析也喜歡用這些小動物作比喻。依我看，「閨中乳燕」和「飛鴿歸巢」的K線組合，就很經典。它們的外貌特徵，都很相像。「閨中乳燕」是四根K棒，由左向右排列分別是「黑、黑、黑、紅」。前兩根黑K棒，代表的是下降的趨勢，第三根就略有不同：「閨中乳燕」通常是「倒鎚」線（倒狀鎚子線），而「飛鴿歸巢」則可能是鎚子線，或紡錘線。但它們的第4根K棒，一定是紅的，尤其是高度超過前兩根，成為未來股價上漲的線索。

暗室摸黑偷偷充電，等待天亮大放光明

　　請看55-1，這是「飛鴿歸巢」K線組合的外貌特徵。它的辨識方法是要看中間那兩根，這兩根的結構和「母子」很類似，都是一長一短，所不同的是，這兩根都同樣是黑色的，而不是相反顏色。如果依次序來看，第一根沒有什麼意義，只是說明它是下降趨勢。第二根大概是長黑的盡頭了，於是第三根就變成小黑了，而且完全處在前一天的線形實體內。這表示賣壓已經宣洩得差不多了。但是，它仍然是長黑。如果我們把第二根K棒，和第三根K棒合併起來，它頂多就成了一根留有長下影線的K棒，然而，黑K仍然是黑K，所以第4根K線就顯得很重要了，一定要是紅K棒，這樣「鴿子」未來才有辦法「飛」得起來。

　　請看圖55-2，「光群雷」（2461）出現「飛鴿歸巢」K線組合之後，次日就來了一個大跳空的上漲。圖中的❶不重要，只是仍然是黑色的，❷是長黑的K棒，大約是空頭的最後一擊了（明天可能是融資斷頭）。❸是一根鎚子，有點打地樁的味道。基礎打好，未來走勢才會穩當。❹則是紅色的K棒，它首先第一步就要創三日新高，然後才開始起飛。果然這四根K線組合的架式亮出來之後，❺就是一個大跳空的大漲！

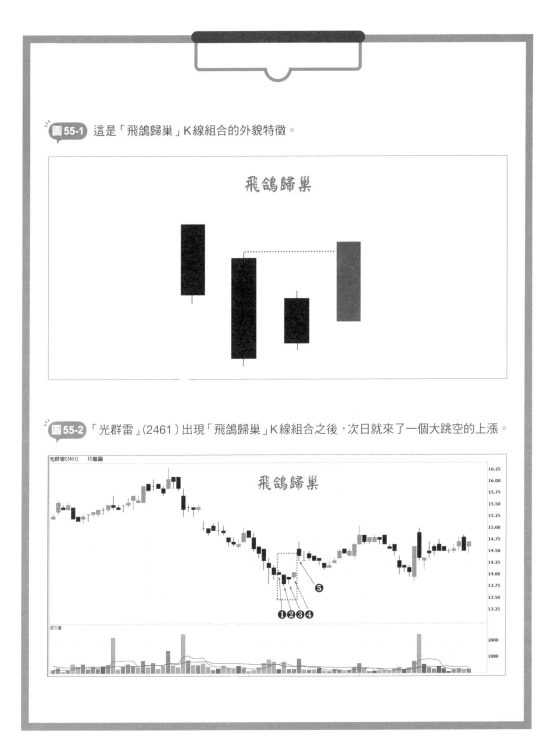

圖 55-1 這是「飛鴿歸巢」K線組合的外貌特徵。

飛鴿歸巢

圖 55-2 「光群雷」(2461)出現「飛鴿歸巢」K線組合之後,次日就來了一個大跳空的上漲。

飛鴿歸巢

56 下降趨勢曙光初現

貫穿線，可靠的做多型態！

在本書第6單元「如何判斷多方的劫數是否已經來到」一文中，筆者說了一個自己從判斷「九豪」股票，在盤中由「貫穿線」發展到「多頭吞噬」，認為仍可以買進，而在群組分享群友的真實故事。是的，這故事使我的判斷受到了大大的肯定，也讓那筆投入的融資交易在6天內由30萬變成75萬。可見K線的功能有時非常強大。

在這裡，我要更詳細剖析「貫穿線」的枝節。「貫穿線」主軸是兩根不同的中長黑、中長紅線組合而成，排列依序是「黑、紅」。通常一根「中長黑」之後，出現一根開低的「中長紅」延續空頭氣勢，其「開盤價」低於前一根中長黑K線的「最低價」，然後價格拉升，形成一根實體很長的中長紅K線，並貫穿前一根中長黑K線「陰線實體」的中點上方。顯示多頭低檔反擊，下跌行情已微露曙光，是見底回升，所以叫做「曙光初現」。這在日本及西方技術分析家眼中，是標準的「貫穿線」。如果再配合成交量放大，則趨勢反轉型態獲得確認。

📊 兩張「曙光初現」例圖，看好後市的發展

請看圖56-1，「宏遠證」（6015）由虛線框起來的4根K線中，❷和❸這兩根是主角。❷是中長黑，❸是中長紅。這根中長紅❸開在中長黑之後，又比❷更低，可是它在盤中卻慢慢深入❷的實體，收盤時甚至穿過❷的實體一半（見橫的那條虛線）以上。至於❶只是說明它是下降趨勢，❹、❺則是向上走勢，確認了❷和❸這兩根K線的反轉向上行情。

再看圖56-2的案例，「高技」（5439）的「3分鐘線圖」中，❶是長黑，❷雖然只是小幅進入❶的實體，可是它和❸如果加起來，等於是一根貫穿❶的實體一半以上的中長紅。至於❹❺這一組的K線組合，紅方就已取得優勢。❻❼❽的K線組合則和❶❷❸一樣，後兩根小紅加起來，已經貫穿前一根黑K的實體一半以上了。

圖 56-1 「宏遠證」（6015）由虛線框起來的5根K線組合而成「曙光初現」的做多型態。

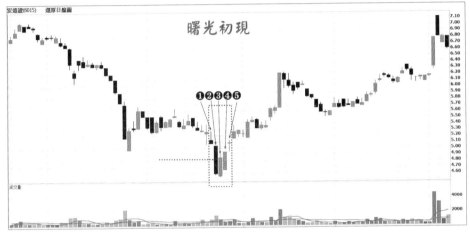

圖 56-2 「高技」（5439）的「3分鐘線圖」中，連續出現多個「曙光初現」的做多型態。

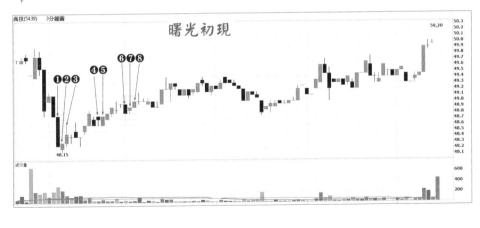

晨星，底部反轉的訊號！

有一句形容詞，說「寥若晨星」，意指稀疏得像早晨的星星一樣。不過，晨星雖少，在股市中卻代表「後市看好」。因為它就像充滿潛力的年輕人，未來有的是希望。

日本人習慣把「三線晨星」說成「三川晨星」，原因是日語「川」與「線」同音，三川就是3根K線的意思。我們甚至可以用3根K線來認定一段走勢的「頭部」與「底部」。一般來說，「三線晨星」由3根有「跳空缺口」的K線所組成。第一根K線是「中長黑」，第二根K線是一根「實體短小」且「向下跳空」的變盤線或「止跌K線」（例如長紅線、長腳十字、蜻蜓十字、鎚子線、倒鎚線、急漲的一字線等），而第三根又是向上跳空的紅K線。不過，是不是非跳空不可，並不那麼講究了。現代型態學講究的只是「相似度」而已。

📊🔍 「三線晨星」中間K線，是轉折的墊腳石

請看圖57-1，「華紙」（1905）虛線框起來的3根K線，是基本的「晨星」型態。它的K線排列順序，依次是「黑、紅、紅」，前面的一根長黑，似乎是行情下挫的元凶，可是接下來的鎚子線長紅，以及再接下來的、繼續收更高的陽線，卻顯示行情的不同凡響。於是，這3根K線就像「稀疏得像早晨的星星一樣」，簡單的一個轉折，從此行情欲小不易了。

三線晨星多半出現在「下降趨勢」末端，請看圖57-2，「資通」（2471）虛線框起來的3根K線，就是「三線晨星」型態。它的K線排列順序，一樣依次是「黑、紅、紅」，但在第二、第三根K線來說，都有開盤跳空的現象。第二根是向下跳，第三根是往上跳。它所造成的後市，也是非常有潛力的做多行情。其中的第二根K線，有點像「墊腳石」，不一定是倒鎚線，但多半是較短的「星形」，可以是小紅線或小黑線。如果是小紅，稱為「陽線晨星」；如果是小黑，就叫「陰線晨星」。

图**57-1** 「華紙」（1905）虛線框起來的3根K線，是基本的「晨星」型態。

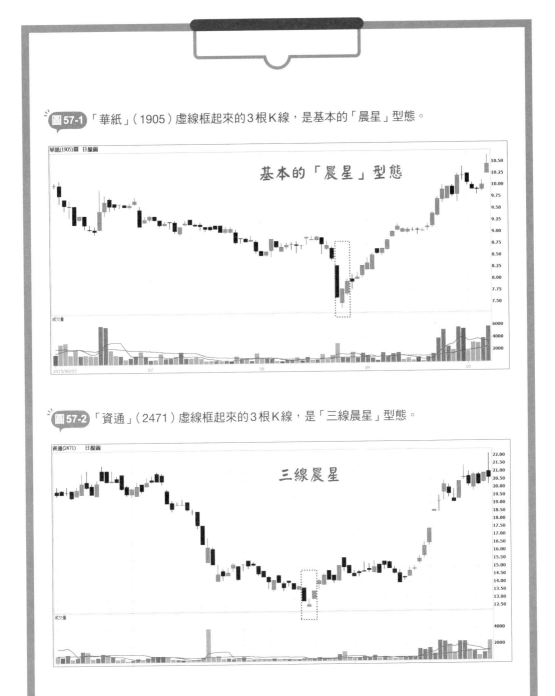

图**57-2** 「資通」（2471）虛線框起來的3根K線，是「三線晨星」型態。

破曉雙星，醞釀下一輪的機遇！

人生的真理，物極必反，否極泰來。但在股市由空翻多的過程，總要有一些醞釀的特徵吧！在K線裡，就是連續的兩根十字星型變盤線！

從技術面來看，既然是由空翻多，自然第一條K線是「中長黑K線」，接下來，在它翻多的過程，就會出現「雙十字星」K線。我們說，十字代表變盤，為什麼要連續兩次變盤呢？因為主力製造這種變盤再變盤的主要目的，就是為了洗盤、洗盤、再洗盤，把沒有信心的「浮額」甩出去。除了洗盤之外，這兩條星形十字也有吃貨、造量的功能。為了重新出發，它就不得不同時把步伐略作調整。在中長黑之後，兩根更低的十字線，可以讓即將跌倒的人趕快站穩自己的腳步，然後第四根就不能再是黑K了，至少必須是紅K。於是形成這樣的組合：中長黑K線、十字線、十字線、中長紅。

📊 雙十字K線，使行情如蝴蝶般翻飛到天際

一根「中長黑K線」之後，連續出現兩根或兩根以上的「星形十字」K線，其實是多空轉折的變盤訊號。這兩根變盤線，可以是並列的，也可以是有高有低。萬一接下來出現的是跳空，那變盤訊號就更強烈。基本上，即使不跳空，這4根K線也是「否極泰來」、「落底反轉」的格局。也就是由空轉多了。

請看圖58-1，「豐祥」（5288）的還原日線圖就是一個標準的「破曉雙星」格局。圖中的❶是由中長黑開啟的，❷、❸像兩隻蝴蝶一樣飛呀飛的，直到出現❹的中長紅，整個局面才由空轉多。再看圖58-2，「永昕」（4726）的還原日線圖中❶❷❸❹原本都在季線（60日線）之下，然而它並非由跌到漲，而是由橫盤之後下跌，看起來岌岌可危。其中❶仍然是由中長黑開端，❷和❸就是一對「雙十字」的線型組成，看起來❶、❷、❸似乎是依序階梯式下跌，可是❹卻翻揚了，並且很快就突破了季線。這就是破曉雙星的特色。

圖 58-1 「豐祥」（5288）出現破曉雙星K線組合，股價由跌變漲。

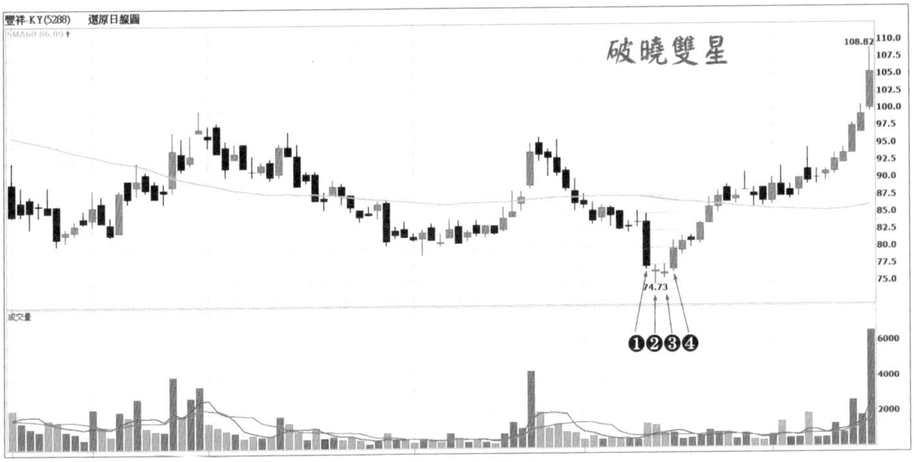

圖 58-2 「永昕」（4726）出現破曉雙星K線組合，股價由跌變漲。

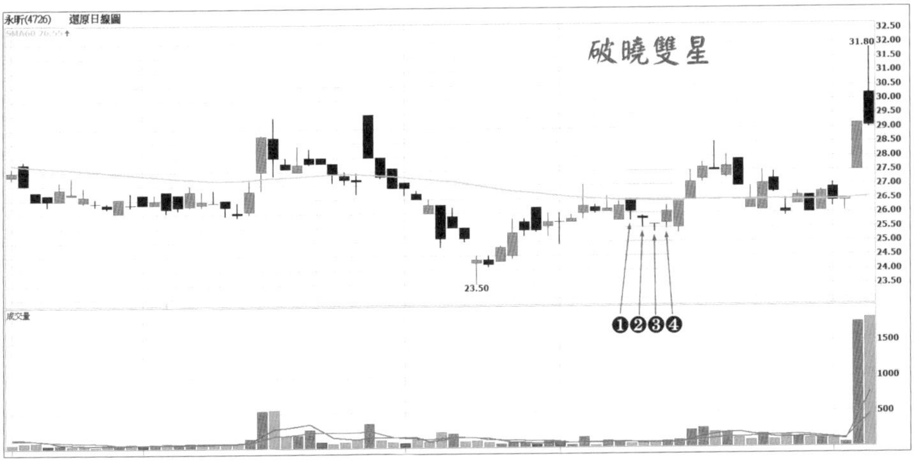

南方三星，逐漸向北飄移！

　　以地理位置來說，如果台灣頭是北部，台灣尾就是南部。南部通常是在北部的下方。所以，我們坐火車時，就有所謂的「北上」、「南下」的說法。股市的技術分析中，有一種被稱為「南方三星」的K線組合，就是以「南方」為下降走勢的象徵。

　　一般來說，「南方三星」是一個4根K棒的做多模式。前三根都是黑K，第一天長陽，第二天開高收黑，第三天又再開高繼續收黑，收盤比前一日收盤價低，暗示著股價逐日在下跌中。但是，到了第四天，突然柳暗花明，出現一根長紅K棒，突破第二天的高點，終於喜劇收場。也就是說，這是一種下降走勢逐漸緩和、價格波動鈍化、底部越墊越高的K線組合。

做多K線組合，和「大敵當前」形成對應型態

　　仔細分析「南方三星」的K線組合，可以發現它有以下的細節：❶第一根K線為帶有很長下影線的「長黑線」，這表示股價已有低檔買盤的支撐了。❷第二根K線是帶有下影線的「中長黑線」，基本上與前一天相同，但比較短，特別是最低價已高於第一根K線的最低價，表示股價不再創新低，可說賣壓變小了。❸第三根K線為短小的「黑色實體」，它的開盤價和收盤價，都位於前一根K線的價格區內，最低價又高於前一天，顯示股價已在築底。

　　從相似度來看，「南方三星」和「破曉雙星」很像；它又和做空K線的「大敵當前」有相反的外貌。請看圖59-1，「櫻花」（9911）的還原日線圖中，❶❷❸❹這4根K線完全合乎標準「南方三星」的定義。後來的行情，果然是一路向上。我們再看圖59-2，「中石化」（1314）的還原日線圖中，也有三個「南方三星」的組合，其中❶和❸都是成功的案例，❷卻是失敗的案例。❷的做多失敗，應與它的第4根K線有長上影線有關。相反的，❶和❸的第4根K線都是光頭長紅，可信度就較高了。

圖 59-1 以「新保」（9925）為例，說明W底產生後，突破頸線可能的上漲空間。

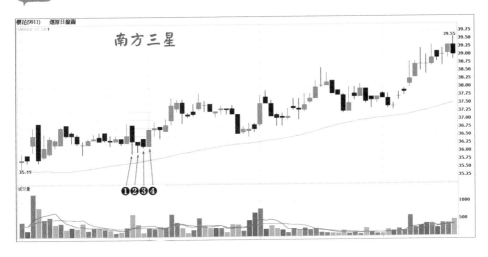

圖 59-2 「中石化」（1314）還原日線圖中，有三個「南方三星」的K線組合。

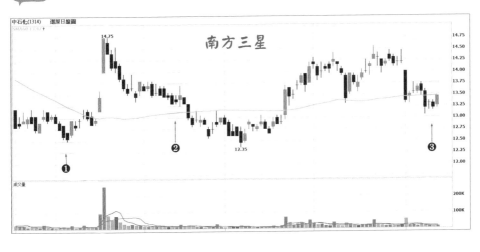

60 長黑後的破繭而出

反鎚穿頂，靠一根長紅變天！

　　有一位婦人不小心將一個美麗的化妝盒掉落地上，摔成一堆碎片，她將這一堆碎片掃起丟入垃圾筒中。

　　一小時之後，她發現她的小女兒將這些碎片，又由垃圾筒中拾回，把這些碎片一塊、一塊地貼在一張白色紙板上。然後用綠色的蠟筆畫出樹枝及葉子，將它轉變成一束美麗的橘色花朵。這婦人深受感動。她所看到的是垃圾，而她的女兒看到的是寶貝；她看到的是醜陋，而她女兒看到的卻是美麗。

　　當一檔股票連續出現下跌趨勢時，就好像婦女的化妝盒摔落一地，做多的投資人心都碎了！有一個叫做「反鎚穿頂」的K線組合，就是一根令人失望的長黑，加上一根「倒鎚線」（倒狀鎚子線）或「墓碑十字」，讓人深覺「情況不妙」，尤其倒鎚線看起來就和「流星線」長相一樣，令人有繼續下跌的疑慮。但是，次日的一根紅K卻改變了這一切。

「南方三星」和「反鎚穿頂」K線組合的異同

　　懂K線的人會注意到，在長黑之後的「倒鎚線」或「墓碑十字」，其實是位於前一根黑K的實體範圍內，同時量能也萎縮到最小。在他的眼中，顯然看出了「整理結束」的美景。尤其第三天的K線是開高（更好的是跳空開高），而且出現了比前一天多1.5倍以上的攻擊量，那趨勢就翻空為多了！

　　請看圖60-1，「反鎚穿頂」和前一單元的「南方三星」看似很像，其實仍有分別。相同的是那根長紅，都創了三日新高，比前兩根黑K的最高點都更高，所以說是「穿頂」。不過，「南方三星」和「反鎚穿頂」的長紅前一根K線，前者沒有長上影線，後者卻有。再看圖60-2，在「方土霖」（4527）的線圖中，總共有3個「反鎚穿頂」。就型態學來說，我們要一再強調的是「相似度」，而非百分之百雷同。因股市是賭「機率」，完全吻合的型態，有時也未必盡如人意。以圖中❶❷❸來看，自以❷為最接近。

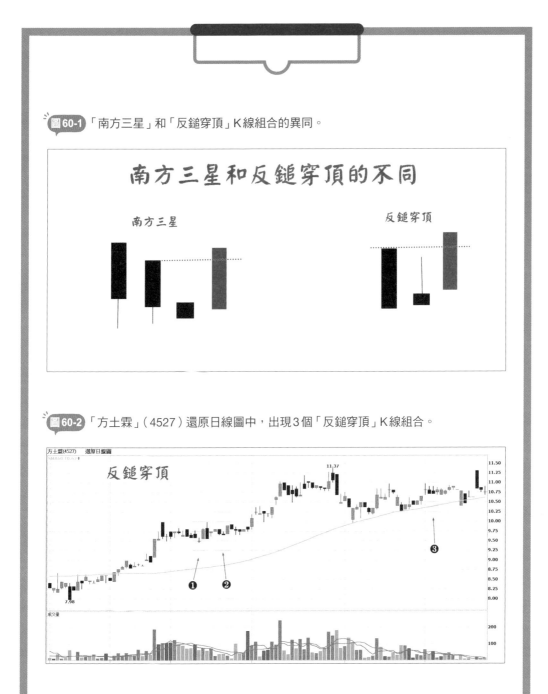

圖60-1 「南方三星」和「反鎚穿頂」K線組合的異同。

南方三星和反鎚穿頂的不同

南方三星　　　　　　　　　　　　　反鎚穿頂

圖60-2 「方土霖」（4527）還原日線圖中，出現3個「反鎚穿頂」K線組合。

61 雙槌打樁趨勢反轉

如何從週線圖看出股價要V型反轉？

　　K線，並非以日線圖為惟一的看盤工具。其實，觀察股價的漲跌，都要注意它的「趨勢」。「趨勢」是可以透過畫線看出是上升或下降的行進方向。但是，趨勢線應該從月線、週線，還是日線去判斷呢？當然要探究它的有效性了。大抵來說，當趨勢線符合以下的原則時，就會有效：❶形成的時間越久越好。❷連接的點越多越好。❸斜率要向上，能達到45度最好。

　　依照前述，我們可以得知：代表長期多空方向的月K線最可靠，有效性絕對高於代表中長期多空方向的週K線，而週K線的有效性又大於代表短期多空方向的日K線。由於做股票的投資人，很少是長期投資的，而日線圖要看出較長的漲跌方向，也不如週線圖。所以，要看出股價是否跌夠、會不會形成V型反轉？最好看週線圖。

「雙槌打樁」，觀察後面的K線斜率是否向上

　　請看圖61-1，「盟立」（2464）週線圖，出現「雙槌打樁」K線組合，就是大的V型反轉。圖中❶和❷，形成「雙槌打樁」。「雙槌打樁」一般指的是兩根「鎚子線」或接近「鎚子線」的線型，不一定都是紅K，也可以先黑再紅各一根。重點是這兩根K線都有下影線，代表股價已有支撐。至於「打樁」，是指把樁打進地裡，讓建築物基礎堅固。而當我們發現兩根鎚子並立在低點，就無異於「雙槌打樁」，底部既然牢靠，下一步可能就要起飛。

　　如何在看見兩根紅K或一黑、一紅的K線並立時，判斷出其後會「輝煌騰達」？最好多觀察接下來的兩根K線。我們看「盟立」的❷已經比❶位置高些，❸和❹也不再有❷的低點，量也縮了，可見這4根K線的組合，已做好「起飛」的準備！再看圖61-2，「普安」（2495）週線圖，也出現「雙槌打樁」的K線組合。圖中❶和❷並立，而❸和❹也不再有❷的低點，且「斜率向上」，其後發展自然是上漲的機率大增。

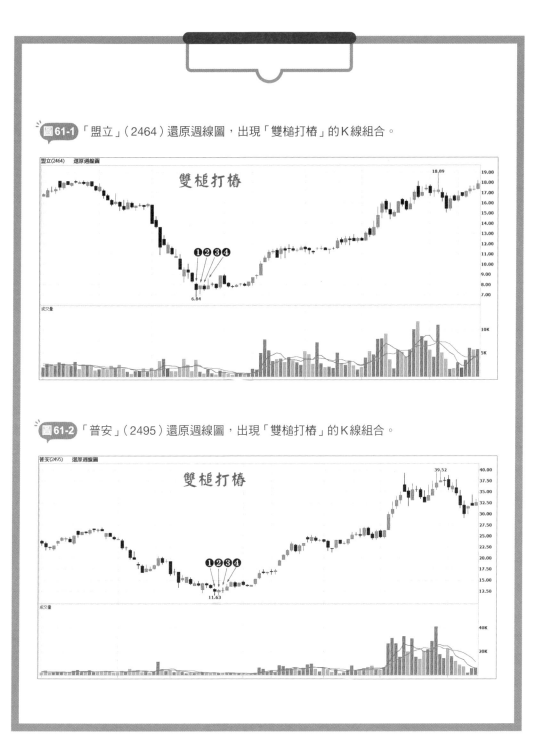

圖 61-1 「盟立」（2464）還原週線圖，出現「雙槌打樁」的K線組合。

圖 61-2 「普安」（2495）還原週線圖，出現「雙槌打樁」的K線組合。

兩根線都是地板價

如何從K線去尋找「地板價」？

　　有些人認為「買高賣更高」，追強勢股容易獲利更多；但有的人喜歡撿便宜，認為買「地板價」比買「天花板價」更安全、更有獲利空間。這是由於每一個人的操盤風格不同，有以致之。各種做法，都有人成為贏家。

　　從K線去尋找「地板價」的方法很多，這裡介紹三種比較常見的組合：❶「低檔雙紅」：是指在下降走勢中，連續出現2根「中長紅」K線，高低點（尤指低點）幾乎相同。❷「鑷底」：是指在下降走勢中，先黑後紅，於一根長黑之後，出現長紅等做多的線型，且最低點相同。❸「低價配」：是指在下降走勢中，連續出現2根「黑K線」，且最低點都在收盤，位置幾乎相同。既然有「低價配」，當然也有「高價配」，那卻是指高點相同，是屬於做空的K線組合了。

「低檔雙紅」、「鑷底」、「低價配」K線組合

　　從圖62-1，我們可以發現「低檔雙紅」、「鑷底」、「低價配」等三種K線組合的圖例，有幾個共同特徵，就是這2根K線，不論是陰是陽，低點都一樣，而且都在低價區。同時，其後它們都有反轉向上的走勢。但是，基本上，第3根K線的變化，卻也決定了它們的「由空翻多」是否失敗。一般來說，以上這三種K線組合的第3根K線，必須是位置稍高些，至少不能收得太低，否則就不太像要反攻了。

　　其次，我們來看圖62-2，「大將」（1453）的「鑷底」K線組合之後，有一大段狂飆的行情。圖中❶的高點是8.52，低點是8.01；圖中❷的高點是8.56，低點是8.01。可見低點是相同的，由於先黑後紅，可見是屬於「鑷底」K線組合。在這2根K線的前面4根，其實已經顯現出斜率往上的變化。直到「鑷底」K線組合正式表態之後，接下來竟然由8.01的低點，在短短七個交易日，就漲到13.61的高點了。因此，「鑷底」也叫做「陰陽雙併」，是底部反轉的訊號之一。

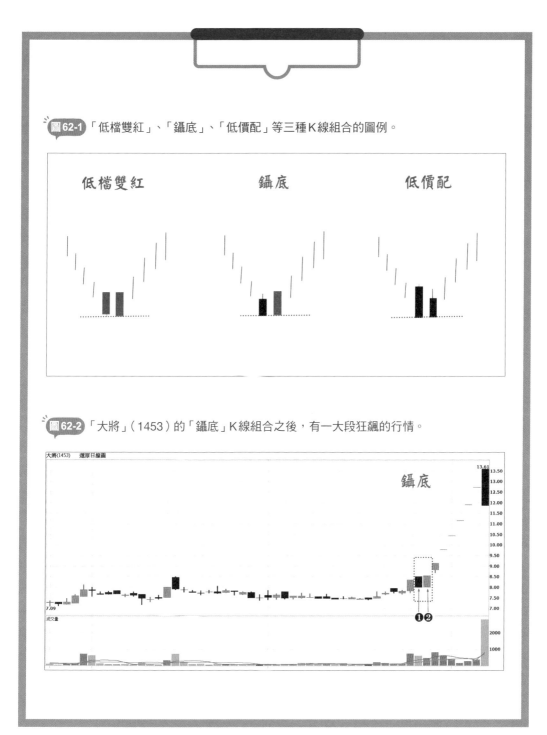

圖62-1 「低檔雙紅」、「鑷底」、「低價配」等三種K線組合的圖例。

圖62-2 「大將」（1453）的「鑷底」K線組合之後，有一大段狂飆的行情。

63 重跌後的空方回補

如何逼空頭迅速回補？

有一種K線組合叫「三線反紅」，就是三根黑K之後，出現長紅。這是「做多」的線型，其後引出一段大好行情。這種線型，總讓筆者想起古代「周處除三害」的故事：周處父親早死，從小沒爹管教，很快就混成流氓，令人生畏。後來他得知自己被定位為「三害」，這三害就是「南山白額虎」、「長橋惡蛟」，還有——自己。於是，他先除掉白額虎和惡蛟，然後拜名師讀書、修身養性，終成一代忠臣，百姓稱頌。

故事中的「三害」就好比是連續的三根黑K，一根比一根更低賤，讓人恐慌，可是突然來了一根大長紅，終以喜劇收場。重點是最後一根由空翻多的紅K，必須高於第一根黑K，也高於其他兩根黑K，才叫喜劇收場。這就好比周處如果只殺掉白額虎或惡蛟，還不算數，必須把自己的過去比下去才行。也就是他此時此刻的高度，必須遠甚於品行不佳的當年，讓現在的「我」，高於年少輕狂、胡作非為的「自己」，才能改變命運，讓自己的未來不是夢！

📊🔍 第4根是長紅，且高於前3根，才會強勢翻多

個股一旦碰到連3黑，就是下跌狀態，若想改變現狀，一定要長紅出現。這就好比「亂世出偉人、強人、英雄」才足以改變一切。第4根長紅要非常高才有希望。諸如古代的「隋文帝」成功統一了嚴重分裂數百年的中國；「秦始皇」奠定中國兩千餘年政治制度等等。他們在歷史上都有一定的「高度」，才會帶來其後的盛世。

看圖63-1，「勝麗」（6238）的「三線反紅」，❶❷❸的三根黑K的收盤依序是149、144、143，可說每況愈下；它們的高點分別為151、147、146，而❹一根紅棒的高度152（收盤152.21），就全部跨過了！再看圖63-2，「美律」（2439），❶❷❸的收盤依序是27.75、27.49、27.36，也是節節敗退，可是一根長紅高點29.24（收29.24），就改變了一切！所以組合線型的「高度」極為重要。

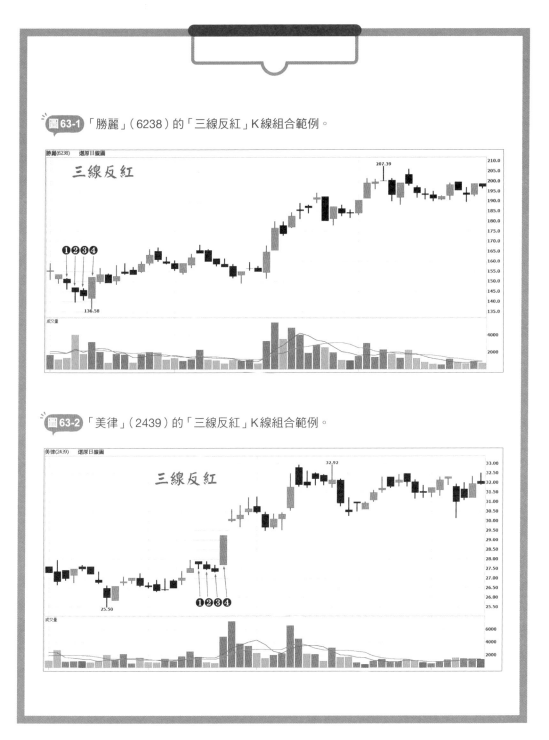

圖 63-1 「勝麗」（6238）的「三線反紅」K線組合範例。

圖 63-2 「美律」（2439）的「三線反紅」K線組合範例。

64 多頭遭遇戰結束了

如何發現空方賣盤衰竭？

俗語說：「仇人相見，份外眼紅！」何況是敵人？兩軍相遇，勢必引起一番「你死我活」的遭遇戰了！一般來說，正規的戰爭都有兵力部署、彈藥分配和戰術研究，才能有利於攻守。但是當雙方不小心在同一區域意外地突然相遇，那是無法事先安排一切的。這樣的結果，往往是「勇者勝」而「智者敗」。因為雙方都來不及對戰爭進行思考和布署。

K線在遭遇戰出現時，是什麼樣的光景呢？首先要說明的是，「遭遇戰」在K線中的特徵如下：❶大部分在下降趨勢中產生，但有時在橫盤或斜率向上的「街頭巷戰」中，也可能發生。❷前一根K線是黑K，後一根是紅K。❸兩根K線的收盤同價。❹紅K的收盤價只到前一天的收盤價為止，並未深入前一天的實體中。

「遭遇線」只守未攻，力道沒有「貫穿線」強

由於紅K的收盤價只到前一天的收盤價為止，並未深入前一天的實體中，所以它和「貫穿線」是有別的。「貫穿線」能深入前一天的實體內，等於是攻進敵方的堡壘，當然比「多頭遭遇」強。不過，「遭遇線」的紅K是先下為上的，也代表著多方已經「不甘雌伏」；且空方的摜壓力道，已經衰竭了。接下來，多方只要有心，甚至可以置空頭於死地。

請看圖64-1，「世紀鋼」（9958）在橫盤整理的過程中，❶和❷打的就是「街頭巷戰」。空方的❶想要摜壓多方的❷，而多方偏偏是先低頭、後抬頭，並不畏懼。這樣雙方就只好一直打下去，直到空方精疲力竭為止。我們從該圖可以看出後來的發展，是多方大勝了。再看圖64-2，「中光電」（5371）在斜率向上的上升趨勢中，❶和❷也打了「街頭巷戰」。空方的❶想要摜壓多方的❷，而多方顯然不讓，後來股價更扶搖直上了！如何從K線圖去發現空方賣盤已經衰竭了？我想，從「多頭遭遇線」的觀察，多少可以得到一點暗示。

圖64-1 「世紀鋼」（9958）在橫盤整理的過程中，出現了「多頭遭遇」的K線組合。

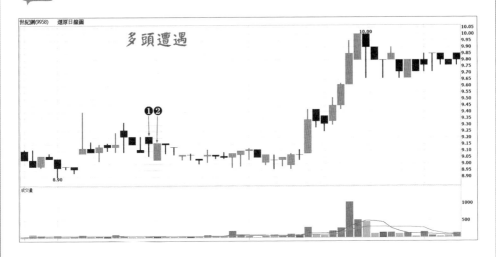

圖64-2 「中光電」（5371）在上升趨勢中，出現了「多頭遭遇」的K線組合。

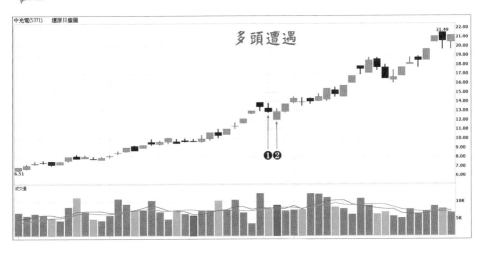

如何找到股價拉回的加碼點？

在筆者多年的教學生涯中，經常有學生向我傾訴，他買的某某股票賺了以後，又被「洗掉」（主力洗盤、散戶被甩轎、太早賣出股票的意思）啦！他們的困擾是：追高容易被套牢，偏偏逢低掛單又不知低點在哪裡，常常沒補到股票、股價又飛天了。

然而，並沒有永遠不跌的飆股。問題只在你太沉迷於賺到錢的滋味，以為如果不賣，一定可以賺得更多。（沒想到那檔股票後來還是下來了，並且跌破了你追高的價位）！其實真正的原因，只是你想買它的時機，和那檔股票準備下跌（指短暫的拉回）的節奏並不Match而已。

📊 在突破三角形收斂的瞬間，就應迅速卡位

現在，我們就從一檔股票的加碼點，來教各位如何選擇最佳的出手位置吧！雖然看起來是「事後論」，但如果能學到思考的方向，以後再碰到類似的實況，就能依樣畫葫蘆，照表操課，把加碼點輕鬆「手到擒來」！請看圖65-1和圖65-2，這是同一時期的「大江」（8436）的還原日線圖，為了讓讀者容易辨識，所以分成兩張圖來加以註解，必然更容易懂。

圖65-1，是用20日線（月線）來觀察「大江」（8436）的股價位置，同時搭配MACD的指標來確認是否適合加碼。我認為在這張圖中，有三個最佳的出手點，就是❷、❹、❻最適合加碼。❷是因為它和❶已經形成「多頭吞噬」的K線組合。❹在跨越20日線之後，應在高於❸的高點價位554以上就可加碼買進。❻是在跨越❺的低點492以上就該加碼。

我們再從圖65-2，來補充說明。在圖中❷為什麼是適合的加碼點，前面已說過。❻為什麼是適合的加碼點？我們把❸❹❺的高點連成一條線，可以發現❻已經突破了虛擬的三角形，所以該在突破的點位加碼。至於為什麼是適合的加碼點？因為同樣的畫切線方法，它也已突破了三角形的收斂點，而且已經穿越了❼和❽之間的向下跳空缺口。

圖 **65-1** 「大江」（8436）的股價位置，有3處適合加碼。

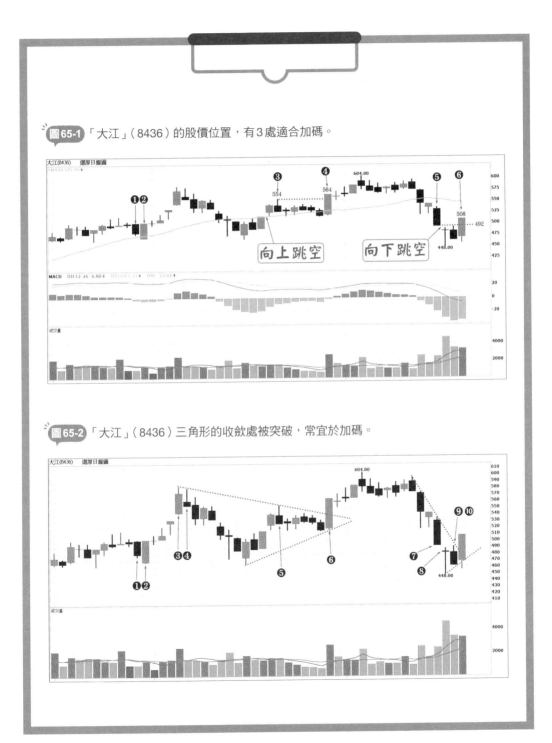

圖 **65-2** 「大江」（8436）三角形的收斂處被突破，常宜於加碼。

66 中繼站的常見模式

智邦，曾是長線大多頭的股票

　　筆者離開報社之後，曾旅居中國大陸閉門研究股票十年，然後回國。回國後不久，在當時頗為流行的痞客邦個人部落格，開始撰寫股票文章；同時還幫常寫信給我的粉絲建立檔案，名為「建檔讀者」。為了回饋粉絲的熱愛，我也把自己的研究心得用「群發信」方式，免費寄贈他們。印象最深的是我推薦「昱晶」，寫了三篇報告；推薦「智邦」寫了4篇報告，由於推薦神準，又是免費的，一時極受歡迎。直到後來被好友勸阻，別再發表對個股的看法，以免被收費高昂的投顧老師修理云云。於是痞客邦部落格，後來就中斷了。

　　2015年11月12、15、17、18日，筆者連續在「痞客邦個人部落格」（http://kissbook999.pixnet.net/blog）發表了4篇有關「智邦」（2345）的研究報告，同時向「建檔讀者」推薦這檔股票。沒想到這檔股票在那時之後，就一直是大多頭的股票，從當年11元多，一直狂奔到近期的118.25元高點，才有較大幅度拉回！

🔍 漲停次日收平盤附近十字線，是中繼站常態

　　請看圖66-1，當年我推薦智邦，是從幾十種指標和現象觀察出來的。沒想到它的威力比我想像更厲害，簡直是一波波漲個不停。以我現今的技術就能很快地發現它的重點，其實就是外資一路買進，所以漲勢一路向上，從未消歇。

　　再看圖66-2，圖中的❶、❷、❸大約都是漲停板＋平高盤附近的十字線，這是經典的範例。記得我於❶的位置發出推薦函之後，次日收平低盤的十字線，大部分建檔讀者都沒講話了，意即不滿意，因為沒有想像的強勢表現。可見當年的建檔讀者懂股票的真的不多。只好有勞我一直在解釋說這只是個「中繼站」而已，還會再漲的。他們都得等再發現漲停之後才相信而後追高。

　　經過我這些年的講座剖析，現在已經很少人不懂了。因為我不斷地在講座中教大家辨認❶、❷、❸這一種長相的「中繼站」，粉絲們都進步了。

 2015 年我推薦「智邦」後至今，它真是一檔漲個不停的長線大飆股。

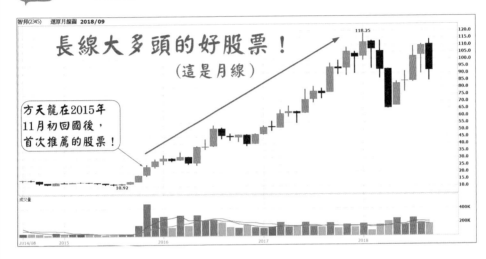

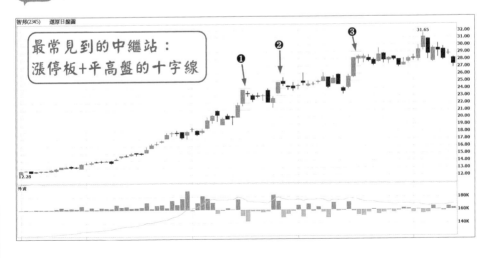

起漲階梯，站得穩就走得遠

有一種股票，似乎有大咖介入，漲勢來得很急，有點像「起漲點」，但又像是一個在趕著上樓梯的人，你可以感覺到他的動作是「跑著」上樓梯的。但是在跑的過程中，他並不魯莽，還會在該停的時候先站穩姿勢，再繼續跑。以股票來說，它在上漲途中，可能出現一根長黑K線或中黑K線。隔天，再開出高盤，其開盤價等於前一根陰線的開盤價，盤中股價不斷走高，最後還以最高價附近收盤，形成一根長紅K線或中紅K線。這是一種「續漲」的訊號，後市多半會續漲。

一般來說，在起漲點處找這樣的線型組合並不多，反而是連續3根跳空上漲的「紅三兵」較為常見。但是，「先黑再紅」的漲勢，倒是比較能走得遠。由於它是一個價格比一個價格高，看起來很像階梯似的，所以這個K線組合，就叫做「起漲階梯」，而那個第2根陰線和第3根陽線開盤價都一樣的情況，則稱為「多頭隔離線」（見圖67-1）。

📊 往下空間非常有限，跌無可跌就會往上竄

「起漲階梯」不只在日線圖是可以如此觀察，在「分鐘線」圖中，亦可以如此看待。它可以說是「上升趨勢的中繼點」，屬多方中繼走強訊號。當第二根紅K線的「高點」被突破，而「低點」回測不破時，趨勢將會繼續上漲。這時我們的心態就必須做多了。基本上，有這樣的階梯式上漲，就是朝正面進攻了。

請看圖67-2，當「云辰」（2390）跌到5.21最低點時，已跌無可跌了，於是引爆了一波大行情。怎麼知道跌無可跌呢？❶是以開低為出發點，開盤為5.22，往下只到5.21，幾乎沒有什麼下跌的空間了，而且還收最高（5.48）。❷開5.59，算是開高盤，但最低也只來到5.41，收5.49，距離前一天的收盤價5.48並不遠，可視為「洗盤」。❸和❷的開盤價一樣是5.59，可是這次就不一樣了，力爭上游的結果，收了當天的最高價5.87，正式吹起了號角。

圖67-1 「起漲階梯」的特色是包含了一組「多頭隔離線」。

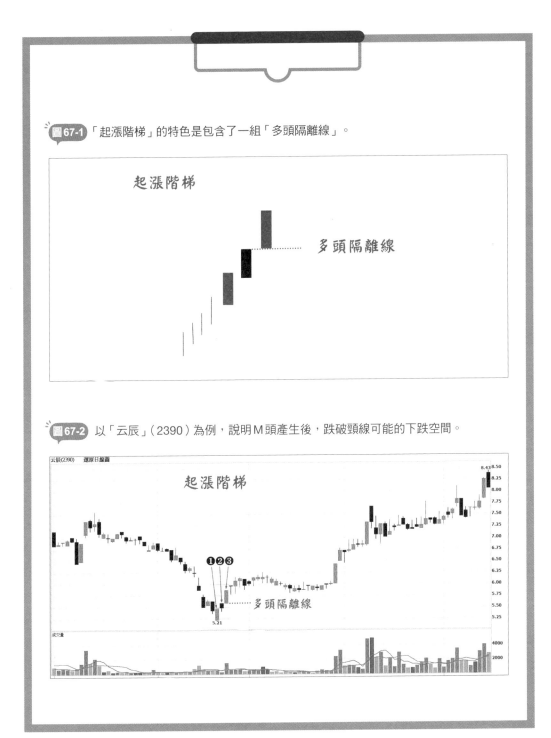

起漲階梯

多頭隔離線

圖67-2 以「云辰」（2390）為例，說明M頭產生後，跌破頸線可能的下跌空間。

云辰(2390)　還原日線圖

起漲階梯

❶❷❸

多頭隔離線

5.21

成交量

強勢股也該容忍連三天洗盤

　　古書《曹劌論戰》有云：「夫戰，勇氣也。一鼓作氣，再而衰，三而竭。彼竭我盈，故克之。」這是曹劌在向魯莊公解說致勝之道。他說，打仗是靠勇氣的，第一次擊鼓，能提振士氣；第二次再擊鼓，士氣就減弱了；第三次擊鼓以後，軍隊的士氣就完全消散了。當敵人的士氣已經消耗殆盡，而我方的士氣卻正旺盛，所以戰勝了他們。這是曹劌的心理戰，但魯莊公準備追擊的時候，他還想得更周全。怕對方有埋伏，他要先觀察敵人戰車的車輪痕跡很亂，望見他們的軍旗也已經倒下了，才下令追擊。

　　K線也有多頭利用敵方三次擊鼓、一鼓作氣，再而衰，三而竭，然後一舉攻克空方堡壘的線型組合。那就是「上揚三法」。請看圖68-1的右側圖例，當出現一根強勢股漲停板或漲幅不小的長紅時，接下來，主力可能進行洗盤。連續三根黑K，就是三次擊鼓，結果「賣壓」終免不了消化殆盡，而被多頭一舉攻克。

多頭偃旗息鼓三天，「上揚三法」反擊成功

　　如何像曹劌觀察敵軍戰車的車輪痕跡紊亂，以及軍旗倒下，來確定追擊的時機已到呢？「上揚三法」也有它的Know-how，那就是：❶長紅的第二天，開高走低，收小黑。❷連續3天股價下滑，收小黑。❸雖然3天都是小黑，卻未跌破長紅線的低點。❹價跌量要縮。一天比一天的成交量要更為縮小才好。　最後一根長紅線，開盤價格至少要等於前一天收盤價，收盤價還要高於第一根長紅的收盤價。

　　在圖68-1的左側，畫的是「三線反紅」的圖式，它比「上揚三法」簡單一點，只要最後一根長紅高過三根小黑線即可，而「上揚三法」則還需要高過三根小黑線之前的長紅線高點！我們看圖68-2，「台苯」（1310）的還原日線圖，就是一個極為標準的「上揚三法」。圖中的❶是長紅，❷、❸、❹則為連跌3天的小黑K，❺則是反擊成功的長紅棒。

圖68-1 「三線反紅」和「上揚三法」的K線組合，仍有些不同。

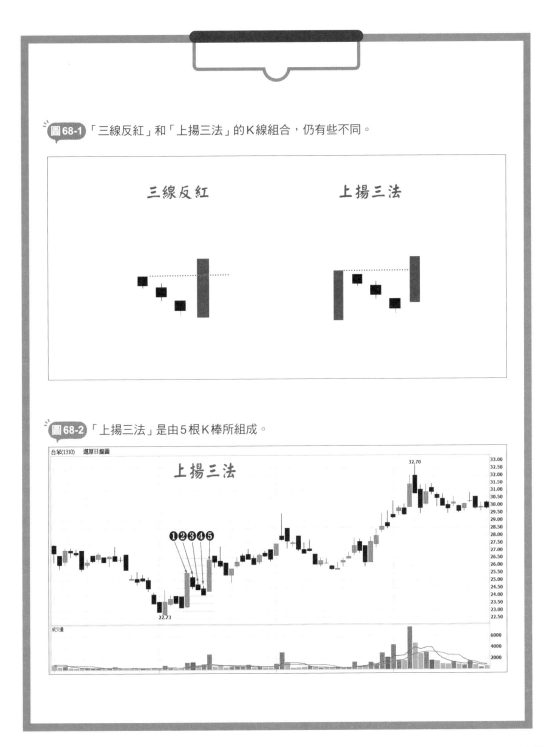

三線反紅 　　　 上揚三法

圖68-2 「上揚三法」是由5根K棒所組成。

上揚三法

69 多頭反攻激勵人心

反攻號角一響，多頭雄起！

「反攻」的意義，用比較廣泛的說法，其實連「多頭遭遇線」都屬於「反攻線」。它出現在下降趨勢中，由連續兩根線形所構成，顏色相反（先黑、再紅）而收盤價相同。其次，「多頭隔離線」也屬於「反攻線」。它出現在上升的趨勢中，由連續兩根線形所構成，顏色相反（先黑、再紅）而開盤價相同。同時，這兩根都是長實體的線形。

「多頭遭遇線」和「多頭隔離線」很相似，差別只在前者是「收盤價」相同，後者為「開盤價」相同。它們都算「反攻線」，不過，這裡要說的「多頭反攻」K線組合，並不一樣。「多頭反攻」的條件更具特色，判讀的成功率也更高。

「多頭反攻」激勵人心，空轉多的成功率高

「多頭反攻」在先前的趨勢，並沒有限定是在上漲的格局，或下跌的趨勢。但它的第一根K線，是沒有上、下影線的中長黑，第二根K線是以「向上跳空」的方式出現，沒有上、下影線，且是中長紅。這是一種「空轉多」的訊號，跡象非常明顯。它的反攻力量特別強大，可說極為激勵人心，讓多頭陣營振奮不已。傳統的技術分析教科書，把「多頭反攻」視為「反轉型態」，這是不正確的。因為那必須先前的趨勢是下跌，有此一線型組合，才先跌後漲，如此才稱得上「反轉」，對吧？而若先前的趨勢是漲勢，那只是由「漲」變成「續漲」，就只是「繼續型態」。所以，如果您怕弄錯了，把「多頭反攻」改稱為「多頭雄起」，也未嘗不可！重要的是記住它的特徵：有向上跳空，以及沒有上、下影線。

請看圖「啟碁」（6285）的5分鐘圖中，出現「多頭反攻」K線組合之後，空轉多的跡象明顯。再看圖69-2，「味全」（1201）的5分鐘圖中，出現「多頭反攻」K線組合之後，也是由低點攻上高檔。是的，前一根黑K和後一根紅K，都是光頭光腳，這就是它們的特色。

圖69-1「啟碁」(6285) 的5分鐘圖中,出現「多頭反攻」K線組合之後,空轉多的跡象明顯。

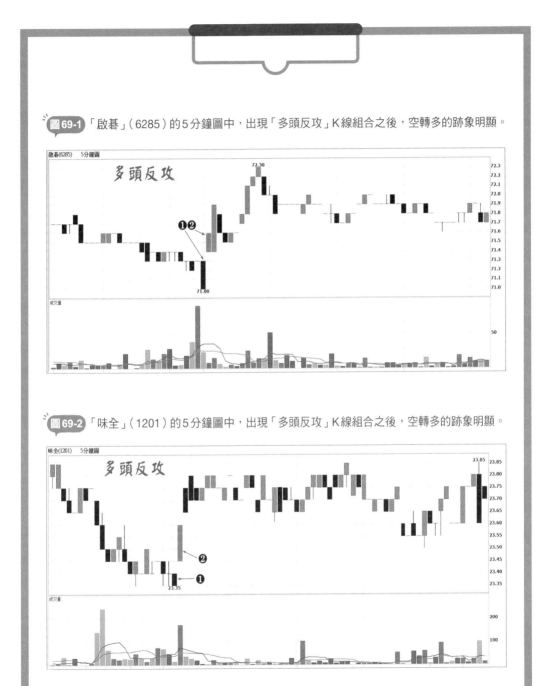

圖69-2「味全」(1201) 的5分鐘圖中,出現「多頭反攻」K線組合之後,空轉多的跡象明顯。

70 測試河床生態奏捷

獨特三河床，治水有功！

有一個叫做「多頭獨特三河床」的K線組合，它的做多可信度很高，可是範例難找。用軟體搜尋，常常發現找出來的並不像。不過，軟體講究的是「相似度」，例如0.9594、0.8959、0.8432………等等，就代表它的相似指數。不過，本書的圖例，筆者大部分是以肉眼去尋找的，所以比較辛苦。為什麼要用肉眼去找呢？因為技術圖型講究的是它所包含的意義，例如機器找出來的圖或許有點像，可是關鍵重點並不合，那我們的判讀就有問題。所以研究股票，最重要的就是要融會貫通，才能得心應手。

日本技術大師為什麼用「河床」來作比喻呢？河床就是河水的床，基礎不好，床就睡不穩。當自然生態遭人為破壞時，就會發生防洪排水的問題。所以一旦遇上這樣的三根K線的組合，我們就大約知道河床已經有利於河川的疏通；對多頭來說，是很有利的。

黑黑紅，兩度測試都拉上來，再跌有限了

請看圖70-1，❶❷❸這3根K線是分別這樣解釋的：❶是一段下跌趨勢尾端出現的一根長黑。❷是鎚子線（也叫做鐵鎚線，有很長的下影線）。❸是開低提高的小紅線。這三根K線的顏色依序是黑、黑、紅，構成了「獨特三河床」的主軸。如果我們把這三根K線合併起來，那就等於❹這根長黑，它有著長長的下影線，代表有很大的支撐。其開盤價、收盤價分別由❶和❸延伸而來。

再看圖70-2，「中砂」（1560）還原月線圖中的❶，就是一段下跌趨勢尾端出現的一根長黑。❷是第二天，（最好是開高）開平被打下又被有力地拉起，因而形成了強而有力的支撐，暗示著再跌有限了。❸是第三天，又開低，可是最後卻走高收紅。這代表這段下降趨勢已因❷、❸兩度的開低測試，幾乎已經跌不下去了。所以只要有❹的開高或收紅（最好高於第一根黑K的最高點），就能確認這檔股票的「未來不是夢」。

 「多頭獨特三河床」K線組合示意圖。

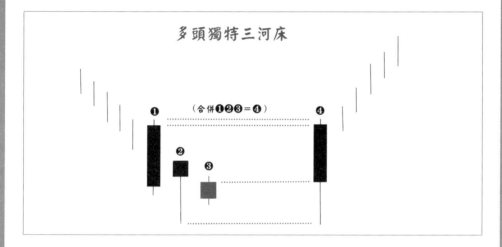

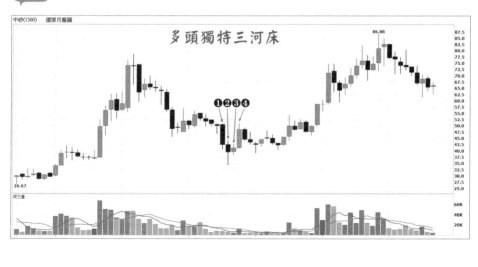 「中砂」（1560）的還原月線圖，有最接近「多頭獨特三河床」的K線組合。

71 明確的多頭穿陰線

多頭穿陰線，叫我第一名！

寫到此一單元，做多K線的實戰圖譜，可說告一段落了。筆者要分享一個重要的獨家概念給你。那就是K線的判讀，不要拘泥於「經典的圖譜」，而做出愚蠢的堅持。迂腐的固執，常使初學者因「捨本逐末」的認知，而浪費了前人的智慧結晶。看盤，除了科學的證據之外，有時也該有點「想像力」。這是所有「偉大發明」的異想天開，但「創意無限」的結果卻往往能給人帶來驚奇的喜悅。我們首先要了解某種K線組合所以可信度高，重點、意義、關鍵在哪裡？而不必去妄求相似度達到百分之幾。因為那很可能錯失了解讀後加以運用且獲利的機會！

舉例來說，做多K線組合，最強的是什麼？那就是「多頭穿陰線」。這是以「多頭吞噬」2根K線組合為基礎，再加上第3根收盤價高於第2根收盤價的陽線，用來確認「由空轉多」的可信度。那麼重點就是前2根K線必須符合「多頭吞噬」的特徵。而第3根如果是「一字型」漲停行不行？當然可以。因為已符合收盤價高於第2根的收盤價了。所以「精神」才是關鍵，「形式」沒那麼重要。

符合經典圖譜的精神，比強求類似更重要

請看圖71-1，筆者在左下方，附了經典的「多頭穿陰線」圖例。「凱衛」（5201）是成交量很小的股票，人為色彩濃厚。圖中的❶黑K，已經被❷紅K吞噬了，而後面的「一字型」並非漲停板，而是開、高、低、收都是12.95的「四價同一」（漲幅0.31%），由於成交量只有9張，所以造成了「一字型」的奇景。其實這已形成「多頭穿陰線」（❸收盤價12.95高於❷收盤價12.91），足以看出主力的心態。後來果然連飆好多根漲停板。

再看圖71-2，「台達電」（2308）在出現合乎「多頭穿陰線」條件的K線組合後，價格也大幅提升，如果拘泥於要多麼「神似」才肯將它「定位」在此一圖譜，那麼你的機會就悄悄溜走了！

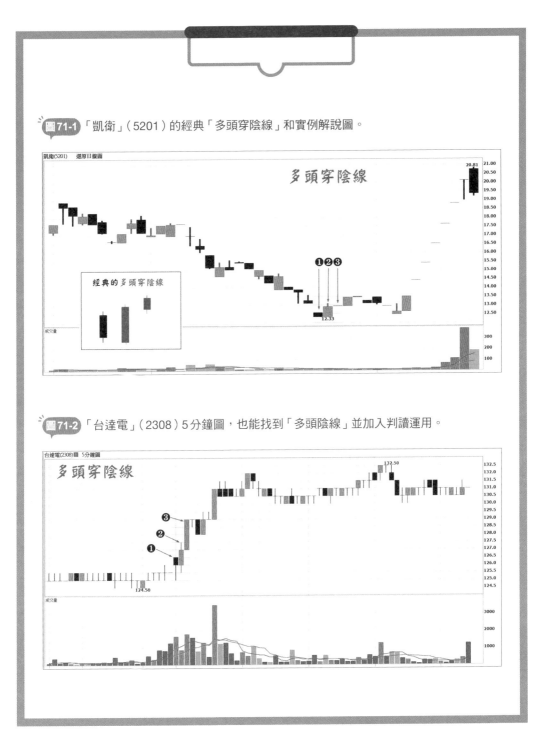

圖71-1 「凱衛」（5201）的經典「多頭穿陰線」和實例解說圖。

圖71-2 「台達電」（2308）5分鐘圖，也能找到「多頭陰線」並加入判讀運用。

空頭起跑,就是逃命的開始!

在股市中,總是有「先知先覺」、「後知後覺」與「不知不覺」等三種人。「先知先覺」的人,是比較有實戰經驗的人,知道什麼地方有流沙、陷阱、什麼時候該落跑,什麼時候可以放空。「後知後覺」的人,多半是常常跺腳、驚慌、嘆氣、非常情緒化的人,他們並非動作慢、優柔寡斷,而是因為功夫不到家,沒有經歷過多少的案例研究,所以臨場手足失措。「不知不覺」的人,則常歸咎於事情忙、沒注意………等等,最終套牢、再套牢,直到股價腰斬、資金「眾叛親離」,才發現操盤不是那麼簡單的一回事。

📊🔍 長紅之後的跳空,常引來獲利了結的賣壓

「空頭起跑」的K線型態,就是一種賣出訊號。請看圖72-1,這是「空頭起跑」的經典圖譜。它的訊號特徵是:❶先前的股票走勢是向上的。❷第1根K棒是實體長紅。❸第2根K棒是向上跳空的紅色實體線。❹第3、4根也是短實體線,第2、3、4根實體的排列微幅向上。❺第5根K棒是根實體長黑,收盤價位於第1、2根之間的跳空缺口,但沒有完全封閉缺口。這是先漲後跌、由多轉空的反轉型態。可見長紅之後的跳空,常引來獲利了結的賣壓。

再看圖72-2,「新光鋼」(2031)在「空頭起跑」的型態出現後,趨勢立刻由多翻空。它原本是在上升的趨勢中,出現第1根長紅線❶,顯示行情仍由多頭主控,但❷向上跳空,卻留下了長上影線,表示已經出現強大的賣壓。接下來,❸❹排列已是先上後下的警訊,可見上漲動能已經減退了。最後,❺向下急挫,是一根長黑,把前三根K棒的實體完全吞噬了。來到這裡,已夠提醒我們「該賣出了」,如果仍然「後知後覺」或「不知不覺」,就得嘗嘗股價下跌的苦果。曾經有專家把這種型態,放進股票專業軟體回測統計,結果認定這是可信度極高的「多轉空」K線型態。

圖72-1 這是「空頭起跑」的經典K線圖譜。

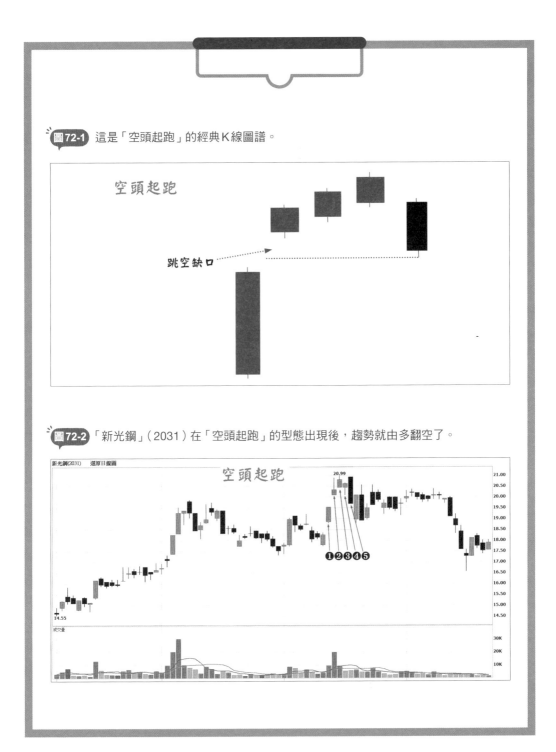

圖72-2 「新光鋼」（2031）在「空頭起跑」的型態出現後，趨勢就由多翻空了。

空方炮，讓行情每況愈下！

　　「空方炮」，也叫做「兩陰夾一陽」，它是一種賣出訊號。這種K線組合的型態特徵是：　先前的股票走勢是向下的。　第一根K棒是實體長黑線。　第二根為實體較為短小的紡錘線或鎚子線。它的實體越短越好。　第三根則是實體的長黑線，位置偏低。此形態的市場意義是：在多空雙方的力量對比中，空方取得支配地位，多方雖有反抗，但力量微弱，明顯不敵空方，所以後市看跌。

　　「空方炮」是對應於「多方炮」的一種偏空K線圖型。不過，「兩陰夾一陽」卻跟「兩陽夾一陰」有著迥不相同的命運。口訣是「兩陽夾一陰，窮人要翻身；兩陰夾一陽，呼爹又叫娘！」這個口訣充分說明了多空訊號的不同。其中的「空方炮」（兩陰夾一陽），常是讓行情每況愈下的殺手！

條件太簡單，宜搭配其他指標才能精準判讀

　　當股價在高價區域出現「空方炮」K線組合形態的時候，就應迅速出脫手中的持股，以避開頭部的風險。請看圖73-1，兩陰夾一陽出現在跌勢中，就表示繼續看跌。此時多方的力量已經非常微弱，下跌途中雖有反抗，卻改變不了繼續下跌的命運，可說行情已是「扶不起的阿斗」了。「空方炮」的K線組合形態中，其中的陽線（第2根）也可以是「十字」型小紅線。有時候，在兩根長黑線中夾雜著數根小陽線，且第二根陰線把前幾根小陽線全收復的K線組合形態時，同樣具有看空意義，應賣出手中股票。

　　請看圖73-2，這是「旺宏」（2337）的「空方炮」型態解析。由於「兩陰夾一陽」的條件太簡單無奇了，能確認行情一定會下來嗎？非常值得懷疑。筆者認為，最好搭配其他的指標加以研判。例如此圖中，❶就是一個流星線型，❷繼續下跌。❸❹❺是低於❶的偏空型態。何況短天期的均線已經跌破長天線的均線，再加上KD也已死亡交叉，那就可以相信了。

圖73-1 這是由「空方炮」（兩陰夾一陽）K線組合的型態。

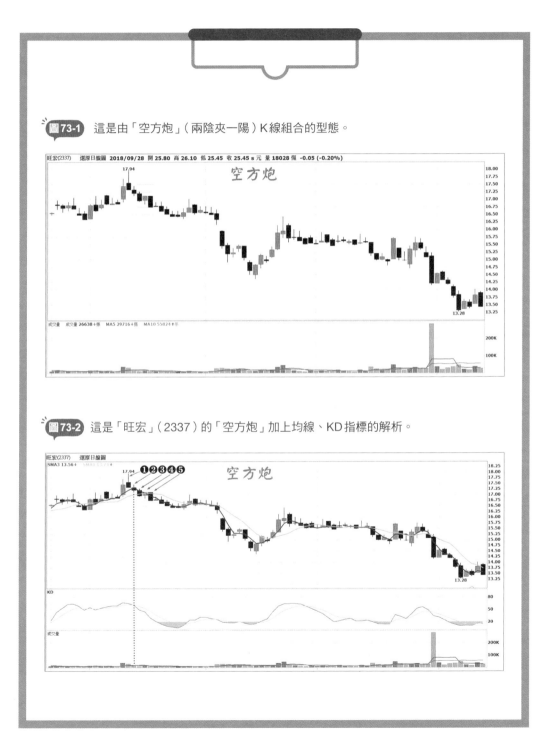

圖73-2 這是「旺宏」（2337）的「空方炮」加上均線、KD指標的解析。

74 跳空上下白忙一場

空頭三星，轟炸你的碉堡！

　　三個「人」，讀如眾；三輛「車」，讀如轟；三個「口」，讀如品；四隻魚，讀如鱻；四匹馬，讀如驫………學生時代，你有沒有玩過這種文字遊戲呢？那麼三個「十」呢？寫成「卉」！

　　在股市的K線組合圖譜裡，也有一個類似「卉」字的型態，那就是三個「十字」線型的組合，這叫做「空頭三星」K線組合。不過，第2根十字線是有跳空的。這個線型，顧名思義，就是偏空的賣出訊號。它的特徵是：❶原本的行情走勢是向上或盤整，都有可能。❷連續出現三根無或較短的實體線，或十字線。❸第1或第3根十字線比較無所謂，第2根必須是「十字」型的變盤線。❹第1和第2、第2和第3根K線之間，都必須要有跳空缺口。

📊🔍 表現不好的ETF，比較容易出現這種圖譜

　　請看圖74-1，比較常見的「空頭三星」模式是三個「一字」型的線形。尤其在出現在小型股或「分鐘線」裡。小型股因為人為色彩較為濃厚，因而價格忽而上漲、忽而下跌，非常不穩定。至於「分鐘線」則因時程較短，出現這種「空頭三星」K線組合的可能性較高。至於比較經典的K線組合則是三個「十字」線型的「卉」字。筆者好不容易才從還原日線圖中，找到一個案例。

　　請看74-2，「元大S&P反1」（00648R）是元大標普500單日反向1倍基金，由元大投信所發行。這個ETF，成立即將滿三年了，只有剛成立的第一個月表現還不錯，最高價格一度來到22.56，現在幾乎已經腰斬了。我們看它的還原日線圖，就可以發現它大部分的日子裡都是下跌的。也許正是因為如此悲慘的表現，所以特別容易找到「空頭三星」的K線組合。在本圖中，❶❷❸就是一個，❸❹❺也算是一個，所以是兩個重疊在一起的「空頭三星」。這樣的股票，不跌也難！「空頭三星」在台股的實證回測結果，也是可信度極高的做空K線圖譜。

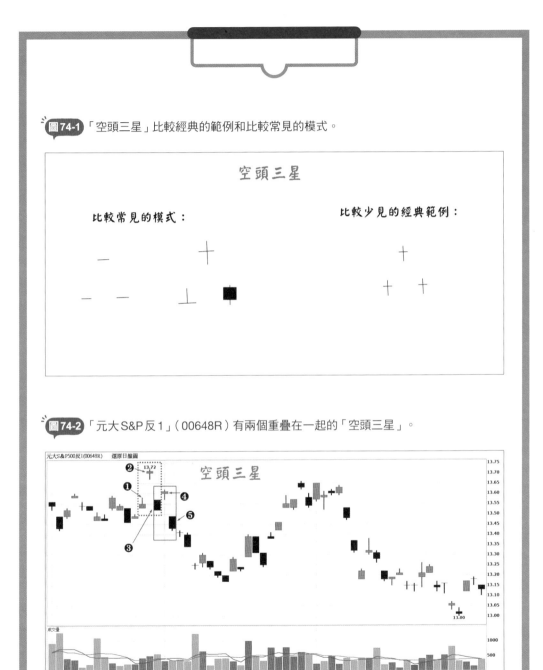

📌**圖74-1**「空頭三星」比較經典的範例和比較常見的模式。

空頭三星

比較常見的模式：

比較少見的經典範例：

📌**圖74-2**「元大S&P反1」（00648R）有兩個重疊在一起的「空頭三星」。

三度到高點，不上則下

我國古代喜歡以「九」為大，以「三」為小。延伸至今，才有所謂的「小三」、「小三」。還有所謂「事不過三」，更是警告人不要犯同樣的錯誤。《曹劌論戰》也有「一鼓作氣，再而衰，三而竭。」的兩國交戰歷史典故；「富不過三代」更是窮人酸土豪的經典用語。

其實，這裡的「三」都是虛指，不是指真正的三個或是三件事。好比如果我們的頭，連碰三次天花板，肯定不舒服；而股價連碰三次天花板，也會因為「壓力」太大而跌下來。K線圖譜中，有一種名為「平頂」的組合，就是指連撞三次天花板（意即連續來到同一個高點價位），即屬於「做空」的型態，未來股價下跌的機率很高。當然，在這裡，「三」還是虛指，如果股價連碰五次或六次，一樣屬於這個K線圖譜，只要下一根跌破低點的頸線，股價就掛了。

📊🔍 「平頂」的啟示：不進則退，水往低處流！

請看圖75-1，「第一店」（2706）還原日線圖出現「平頂」K線組合，後來就跌了。圖中的❶、❷、❸就是「平頂」，高點都一樣。其實，如果你再往前看，可以發現前三天高點也一樣是14.9。這說明什麼？說明它已連續6天無法創新高了，而且前波高點也是14.9。所以，結論就是主力往上攻的意願不高。這時，只要有點風吹草動，股價就容易下跌。果然沒錯，圖中的❹和❺不就下來了嗎？既然6天都過不了新高，加上後兩天也不再有這個價格，那就難怪❻跳空下跌了。失望性賣壓接踵而至，造成大跌！股價都是一窩蜂的效應，既然漲不上，那就下跌了！

再看圖75-2，「宏達電」（2498）在兩次跌破「平頂」K線型態後，也都有一段跌幅。圖中的❶就是一個「平頂」的K線圖譜，❷也是另外一個。我們可以發現在不斷下跌的過程中，高點無法突破，就會尋求往下。運用此一原理，我們於是得到「平頂」該做空的啟示。

圖75-1 「第一店」（2706）還原日線圖出現「平頂」K線組合，其後有一段下跌。

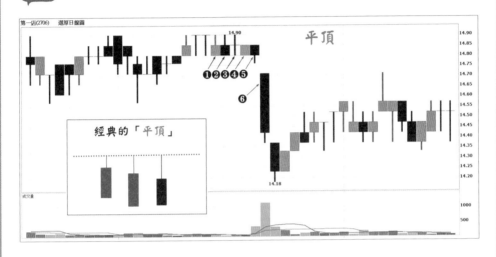

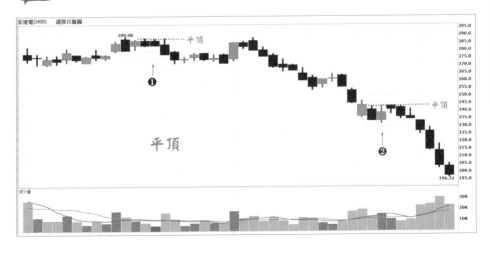
圖75-2 「宏達電」（2498）在兩次跌破「平頂」K線型態後，都有一段跌幅。

最強的頭部大反轉

天天漲，總會有一天，天天跌！

「朝辭白帝彩雲間，千里江陵一日還。兩岸猿聲啼不住，輕舟已過萬重山。」李白如果懂得股票，一定發現「一瀉千里」這樣的 K 線圖譜，非常合乎他寫這一首詩的意境。當然，我說的是在高檔放空後的心情。

李白本來很受唐玄宗重用，後因太狂了受人陷害，沮喪地離開京城。安史之亂，唐玄宗避難時命太子李亨為統帥、李璘守衛長江流域一帶。李白因受到李璘重用，東山再起，喜不自勝。不料，李亨登基後，因防皇弟篡位而斬了李璘。李白也因而被流放邊疆地區。當李白的小船駛進長江三峽，竟然從京城傳來了天大的好消息：李白因皇帝大赦，而被釋放了！上面這首詩就是表達當時暢快的心情。

連續跳空漲停之後突然打開，可試試放空

李白的人生大起大落，正如我們的股市 K 線也有大起大落的 K 線圖譜。請看圖76-1，「全銓」（8913）是2018年股價的一個奇景！6月1日開始，股價從最低的17.68元，一直連飆17個漲停板，最高來到90.4，股價漲幅是5.1倍！但是，這裡我們要介紹的「一瀉千里」圖譜，卻說明了股價「怎麼上去，就怎麼下來」。天天漲停板上去，早晚有那麼一天，也會天天跌停板下來。這張圖非常經典。圖中的❶是起漲點，最低點為17.94（前一天最低點是17.68），收盤價為18.11，而❷是山頂高點90.4，當它一跌下來，才13天就「千里江陵一日還」了！❸是止跌點，價格回到19元的低點（收19.9）。從此圖來看，❶❷❸剛好構成了「等腰三角形」。

那麼，「一瀉千里」的 K 線圖譜有什麼特徵呢？那就是連續漲停之後的第一個打開漲停並且收跌停的情況。在那一天臨收盤前放空，成功機率都很高。再看圖76-2，「欣巴巴」（9906）在出現「一瀉千里」圖譜之後，也是如此，其後股價也跌了一大段。❶就是最佳放空點，❷就跳空下跌了，❸看似要翻身，❹又繼續下跌了！

圖76-1 「全銓」（8913）的「一瀉千里」圖譜，說明了股價「怎麼上去，就怎麼下來」。

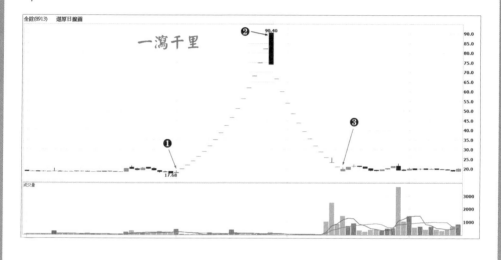

圖76-2 「欣巴巴」（9906）在出現「一瀉千里」圖譜之後，股價也跌了一大段。

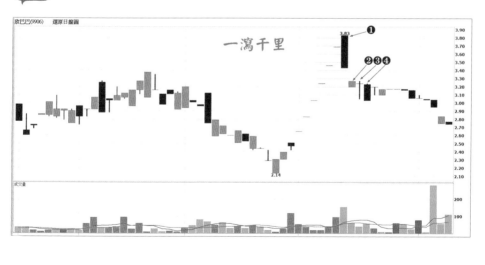

77 上漲最後兩天翻臉

雙日反轉，大戶這樣屠殺

新手股民可能不太知道，台股從前有「股市四大天王」：雷伯龍、邱明宏、游淮銀、沈慶京。這4人，筆者只在一棟大樓電梯偶遇「威京小沈」沈慶京而認識。他給我的印象特別好，為人親切而不驕傲，還在臨別時賞我一張名片。這4位天王，給人一種天王的風範，尤其是「愛國大戶」雷伯龍，他有「多頭總司令」的尊稱，操作都是按著技術分析的理論去順勢畫線，所以跟進的人很少受傷。

如今，接棒的主力就很少有那麼令人懷念了，反而是逆向坑殺散戶的多。尤其官方的管漲不管跌政策（飆股會被注意處置），以及隔日沖大戶的帶動風氣，現今台股幾乎都是短線盛行的天下。殺手級的大戶更是肆無忌憚地屠殺股民。根據我長期的「分點」籌碼研究，就有好幾個大咖，在出貨時是夠狠的，可以把股價從漲停打到跌停，不知坑殺多少投資人！其實，「主力是眾生供養的事業」，這樣屠殺股民是不道德的！官方始終沒有對策。

📊 主力大戶不會說，蜻蜓線隱藏的出貨機密

主力庫存的量都很大，一天是出不完的。如何可以從線型看出主力在兩天之內出貨？請看圖77-1，這是經典的「雙日反轉」圖譜。左右這兩種模式意思都差不多。「T字」是什麼線型呢？蜻蜓線。開在漲停，引誘散戶跟進，然後趁機把股價打到跌停（或平盤），然後收盤前，再把股價拉回漲停。這時，主力已經出貨一天，若不再拉高，明天就很難出貨了，所以「賣多買少」再拉漲停，目的是騙散戶重燃希望。這是第一根K線。第二根，他就不客氣了，一口氣把剩下的股票全出清了！

請看圖77-2，「第一銅」（2009）在跌破「雙日反轉」後，就有了一大段跌幅。❶、❷就是「雙日」的出貨徵兆。❸是股民發現不對而紛紛賣出，於是留下長上影線。❹、❺都是後知後覺的投資人出貨的位置，這時股價已下跌了。

圖77-1 經典的「雙日反轉」K線譜。

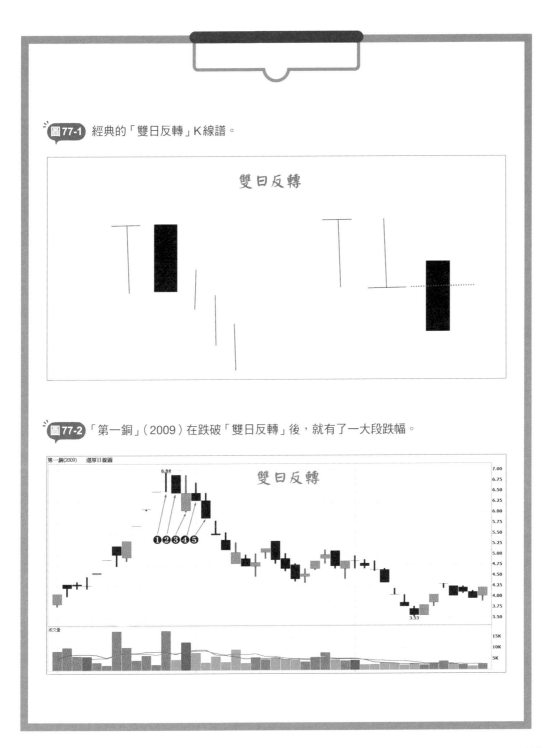

圖77-2 「第一銅」（2009）在跌破「雙日反轉」後，就有了一大段跌幅。

78 空頭吞噬迅速退場

空頭吞噬，跌跌不休！

「人心不足蛇吞象」是一句成語，卻不是神話。根據紀錄片，我們可以知道，世界最大的蟒蛇長達12米，可以輕輕鬆鬆就吞下大象。所以「吞噬」是一個很可怕的概念。空頭市場來臨的時候，最可怕的就是「空頭吞噬」的景象。

「空頭吞噬」，是由兩根不同顏色的K棒組合而成，前一根K棒是實體陽線，後一根K棒是較長的實體黑線，其黑色實體完全吞噬掉前一根K棒的紅色實體。在下跌的恐慌氣氛嚴重時，「空頭吞噬」可說人見人怕。不過，在技術分析的領域，這種K線組合，一般都是指在上漲的走勢中出現的。它暗示著短多即將結束，行情就要反轉。所以，它是一種先漲再跌，也是由多轉空的反轉型態。

📊 黑K長、紅K短，再一根黑K就確認跌勢

請看圖78-1，「貿聯-KY」（3665）在還原日線圖中，原本經歷了一段小紅、小黑、小紅、小黑的橫盤整理過程，然後爆出一根長紅，迅即被一根長黑摜了下來（請看第81單元，這就成了「烏雲罩頂」的偏空型態），次日雖然出現的是小紅的紡錘線，並且跳空而上，可是，行情看似有轉機，可是接下來的情況就可怕了。因為圖中的❶和❷就形成了一個「空頭吞噬」的K棒組合。那根有上下影線的長黑❷，特別長且陰暗；加上次日又有❸這根開低走低的黑K來作「確認」，就坐實了這「空頭吞噬」的罪名，股價就不得不慢慢墜落了。這段行情從247.39高點，一直跌到181.68，才告止跌！傷害不可不謂慘重。

再看圖78-2，「上銀」（2049）的還原日線圖，原本不只2個「空頭吞噬」，但其他組合的特徵多半「比較不明顯」（後面的黑K比較短，影響力較差）。而在圖中❶和❷的組合、❸和❹的組合卻都是後面一根較長（跌幅較大），也就特別有力道摜壓行情。這是筆者看盤的判讀訣竅。我認為，「空頭吞噬」在向下的行情中可信度較高。

圖 78-1 「貿聯」（3665）經典的「空頭吞噬」K線組合。

圖 78-2 「上銀」（2049）經典的「空頭吞噬」K線組合。

空方母子，再開低就大跌

　　圖文對照的書，是最容易懂的教學方式。在沒有文字之前，人類是用什麼溝通呢？相傳是倉頡的結繩記事，但是繩子繫多了，也會因為風、雨、灰塵等等，把繩子的形象弄亂了，只好用特定的圖形符號來表示。又有一種說法，交流是不需要文字的，文字是作為記錄某一事件的工具。最初就是「圖案」等什麼的東西，才把事情搞定，所以早期的文字很多都是象形的。

　　技術分析用的就是最簡單的圖形方法，來彰顯一切。我們看，做多的圖形中有一種叫做「孕抱線」的，就是由兩根顏色不同（先黑再紅）、長短不同（先長再短）的K棒所組成，如果加上第3根K棒位置在高點的紅線，就組成了本書第53單元的「內困三紅」的K線圖譜。我要補充說明的是：為何叫做「多方母子線」呢？因為第1根K棒較長，是不是像人的形狀？而第二根較短且在第1根實體的中間，2根合起來是不是像個懷孕的女人？因為也像母親抱著嬰兒，所以就叫做「孕抱線」。

📊 長紅＋短黑＋低黑，就是做空的密碼之一

　　歸納地說，多方母子線就是長黑＋短紅＋長紅。那麼，「空方母子線」呢？就是長紅＋短黑＋低黑。前者是「黑、紅、紅」，後者是「紅、黑、黑」；前者是做多，後者是做空。請看圖79-1，「南亞科」（2408）在出現「空頭母子線」K線組合之後，就大跌了一段時日。❶和❷一長紅、一短黑，加起來不正像一個孕婦或懷抱嬰兒的母親嗎？這就是孕抱線的基本形態，做多做空的差別只在顏色而已。至於❸的位置很重要，一定要是低於❶的低點，才會是做空的暗示。

　　再看圖79-2，「茂迪」（6244）在出現「空頭母子線」後，也急跌了一段時日。❶是長紅，❷是短黑，頭尾都在❶的實體之內，如同嬰兒。❸則是收盤價低於❶最低點的「確認K棒」。有了這樣的K線組合，就代表了做空的訊號。

圖 79-1 「南亞科」（2408）在出現「空頭母子線」後，大跌了一段時日。

圖 79-2 「茂迪」（6244）在出現「空頭母子線」後，急跌了一段時日。

80 母子十字變盤下跌

空方母子十字，變盤更犀利

　　我們在本書第54單元說過，有一種反轉型態，是「母子晨星」的K線組合。在下降的趨勢中，當股價已經跌深，在一根中長黑的K線之後，第二天出現轉機的「十字」變盤線，同時股價在前一根中長黑K線的實體之內，這就稱為「母子十字」，表示價格即將反轉而上。此一「晨星十字」宜於做多。因為在「母子十字」線之後，如果出現中長紅的K線，同時，開盤價是開在十字線的「收盤價」之上，並且收盤價還突破中長黑K線的高點。那就叫做「晨星十字」。

　　「晨星十字」的K線模式，簡單地說，就是「長黑」+「變盤的十字」+位置在較高的長紅。那麼，行情走高的機會幾乎可以確認。在本單元中，同樣的思考邏輯，如果「母子十字」線第1根是長紅，第2根是「變盤的十字」，其後出現的是位置較低的中長黑的K線，那走跌的機率就大增了。這就是「空方母子十字線」的淵源。

📊 長紅想上去，後2根黑棒聯手拉他下台

　　現在請看圖80-1，「聯成」（1313）在出現「空頭母子十字線」後，大跌了一段時日。圖左下方，附有一個經典的「空頭母子十字線」，我們可以看到K線組合第1根是長紅的K線，第2根是在第1根紅K棒實體內的十字線，第3根則是收盤價低於第1根紅K棒最低點的黑K。這就是最經典的「空頭母子十字線」標準模式。而我們看圖中的❶是在向上的趨勢中出現的長紅，但是此一長紅，在十字線❷出現之後改變了命運。加上❸的低位置長黑（收盤價低於❶的最低點），於是成立了做空的圖譜。

　　再看圖80-2，「高雄銀」（2836）在出現「空頭母子十字線」後，也大跌了一段時日。關鍵就在於❶是在短線向上的趨勢中出現的長紅，可是在其後偏偏出現了高檔的十字變盤線❷。而下1根更是收盤價低於❶的最低點❸，所以就給做空者帶來了致勝的契機。

168

圖80-1 「聯成」（1313）在出現「空頭母子十字線」後，大跌了一段時日。

圖80-2 「高雄銀」（2836）在出現「空頭母子十字線」後，大跌了一段時日。

81 烏雲罩頂反彈逃命

烏雲罩頂，遠離惡夢快睜眼

「烏雲罩頂」的意思，是描寫我們前行的路程中出現了障礙，一片愁雲慘霧、忐忑不安的狀態。沒錯，買到一檔有下跌疑慮的股票，確實很煩惱。既然如此，這個世界上的煩惱就太多了……股票大跌也煩惱、將跌未跌也煩惱、不知道會不會跌更煩惱。人生真的太令人「放不下」了。世上有千千萬萬個人，就有千千萬萬種煩惱。但是每一個人的解決方式卻都一樣，豈不可笑？

非也。我們每天晚上做的夢，都是一樣的嗎？當然不一樣。睡了千千萬萬次，就做千千萬萬個夢。但是，要結束作夢的方法，卻始終如一，那就是：「睜眼醒過來」！碰到股票的難題也是如此，第一要先確認是不是危險？能不能辨認那是危險？辨認出來之後，就要立刻把眼睛睜開來——也就是趕快賣出、停損、逃命啊！這是惟一且相同的解決方法。

🔍 第2根K線，要由上而下深入第1根實體

請看圖81-1，右下方有「地球」（1324）經典的「烏雲罩頂」圖形。它的特徵是：❶原本的股票走勢是向上的。❷第1根K棒是實體長陽線。❸第2根K棒是一根實體長黑線，其開盤價高於前一天的最高價，且其收盤價深入到前一根K棒實體的下半部。❹第3根不管它，也算是「烏雲罩頂」，但如果能跌破第1根的低點，做空的條件就更好。

圖81-1，總共有3組「烏雲罩頂」的範例。圖中的❶❷❸完全合乎以上的條件。❹❺❻也是一組範例，雖然❺還不夠深入❹的實體一半，但❻的重跌，已經為它的下跌之路，開出了「通行證」。至於❻❼❽也是合乎經典範例條件的「烏雲罩頂」。

最後，我們再來看圖81-2。這是「地球」（1324）另一段時期的兩個「烏雲罩頂」案例。❶❷❸是一組，雖然❸是「一字型」下跌，但❷又特別深入❶的實體，所以做空的精神不容懷疑。至於❹❺❻這一組「烏雲罩頂」更是非常標準的「下跌宣言」。

圖81-1 「地球」(1324)經典的「烏雲罩頂」圖形及其範例。

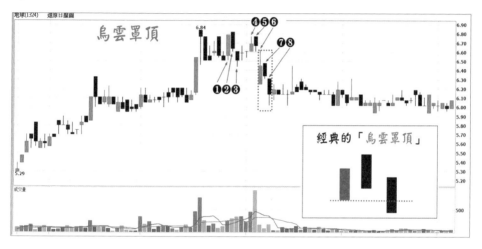

圖81-2 「地球」(1324)另一段時期的兩個「烏雲罩頂」案例。

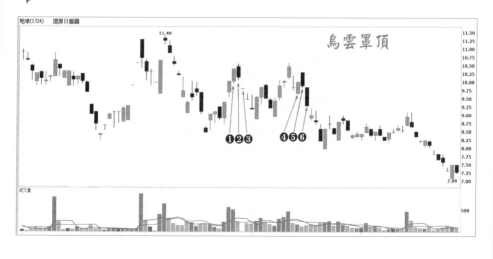

夜星，頭部反轉型態

日本技術大師所謂的「三川晨星」、「三川夜星」，其中的「川」並非「大河」的意思，而是因為日語「川」字和「線」字同音。所以，「三川晨星」、「三川夜星」其實就是「三線晨星」、「三線夜星」。簡單地說，就是做多叫「晨星」、做空叫「夜星」。當然，稱為「多頭晨星」、「空頭夜星」，也沒錯。總之，三線只是代表用三根K棒來加以判讀。

經典的「夜星」和「晨星」一樣，在第1、2根，與第2、3根K棒之間，都該有一個跳空缺口，但這種範例非常難找。現代的技術派高手，都已不太執著於非跳空不可。軟體搜尋，也只講求相似度了。本來投資股票就是「賭」機率，而不是「賭」中獎的。因為「中獎」機率太渺茫了。

📊 漲多的長紅之後又跳空，易令人失去防備

「空頭夜星」可說是「頭部反轉」訊號。特徵是：❶原本的走勢是向上的。❷第1根K棒是實體長紅。❸第2根K棒是一根短實體線，與第一根K棒之間，有個向上的跳空缺口。❹第3根K棒是實體長黑，其收盤價深入第1根K棒的實體線。如果第2、3根K棒之間，也有跳空缺口當然更好，那就是島狀反轉型態的「單日反轉」！

請看圖82-1，「撼訊」（6150）原本漲幅已大，卻在一根長紅之後突然又跳空而上，這時一般人都容易失去提防，認為氣氛非常樂觀，根本沒有賣出之理。這就是圖中的❶，跳到❷的高峰給人的感覺。但是，沒想到❷卻收得不漂亮，好端端的竟然收黑了！更糟糕的是❸，還附和地往下墜落，收了一根長黑。再看圖82-2也是一樣。這是「首利」（1471）的「空頭夜星」K線組合範例。圖中❶長紅之後，跳到❷的高點卻收黑，更不幸的是❸卻繼續跌到❶實體之內，簡直太沒有衝勁了。圖中的❹❺❻也可以說是「三線夜星」，只因❹和❺之間，沒有跳空，所以跌得比較輕。

圖82-1 「撼訊」（6150）經典的「空頭夜星」圖型及其範例。

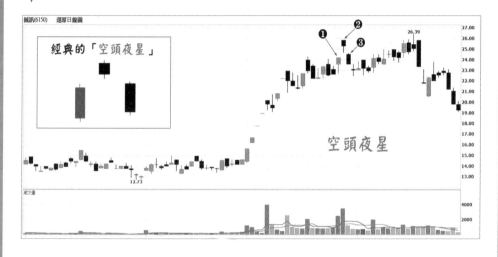

圖82-2 「首利」（1471）的「空頭夜星」K線組合範例。

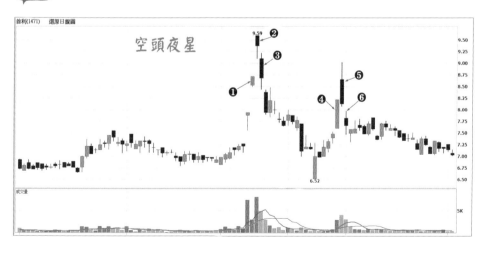

83 夜空雙星反手為空

夜空雙星，抓出「領跌羊」

　　投資大師常常強調，「趨勢是不會輕易改變的，股價只能在其大範圍內遊走，不會超脫。」那麼，如何從一檔股票的趨勢中，看出行情已經over了？如果能夠掌握趨勢，就能把股票做得較長久些。但是，做大波段不難，難在於能否預先發現趨勢、及早介入，買在起漲點或賣在起跌點。在台股上，由於政策比較有利於做多，且長期趨勢股價是比較容易上去的，所以做短多、長多或許比較容易；做短空也不難，難的是做長空，因為趨勢更難預先判定。

📊🔍 如何放長空？要搭配各種指標印證才有效

　　如何判讀一檔股票可以放長空？筆者認為必須運用較多的指標，才能預先抓到股價必然向下沉淪的趨勢。舉例來說，「越峰」（8121）股本只有18億，外資不疼、投信不愛，主力倒是偶而進來搶一把、偷一把，然後棄之如敝屣。筆者在2017年10月中旬，逮到這檔可以做長空的股票，現在把判讀方法分享出來。

　　請看圖83-1，「越峰」（8121）翻多為空最明顯的證據，就是「夜空雙星」的特徵：在上漲趨勢的末端，一根中長紅K線（圖中的❶）之後，連續兩根星形十字（❷和❸），顯見多空糾結，是個變盤轉弱訊號。接著，出現一根帶量中長黑K線（❹），且跌破❶的低點。

　　再看圖83-2，當時「越峰」的轉弱徵兆，我們還是可以從其他的指標看出來。例如當它的股價積極向上進攻，量卻跟不上來，這形成了「價量背離」；而且它的漲幅是越來越縮小了。圖中的❶❷❸❹漲幅分別是：9.94%→7.66%→6.75%→6.5%，明顯日益萎縮。經過❹❺❻❼「夜空雙星」的施法做空威力，❼的收盤價已低於❹的低點，且跌破了5日線，三日內未拉回；長黑出大量，表示向下還有很大的空間。此外，❽還繼續跳空向下，更可以證明主力已經逃脫。因此，不必籌碼研究，光憑這些技術面的蛛絲馬跡，就足以判定這是死棋了。

圖83-1 「越峰」（8121）翻多為空最明顯的證據，就是「夜空雙星」的K線圖譜。

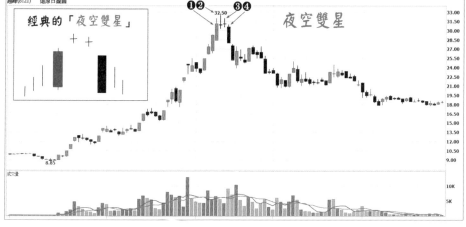

圖83-2 「越峰」（8121）由多翻空，還有極多的證據可以說明。

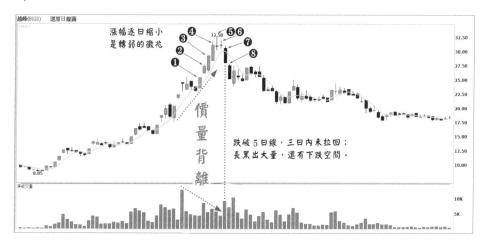

84 出現三烏鴉的惡耗

三烏鴉，代表破壞的力量

　　人們對「烏鴉」的評價，爭議性很大。胡適早年自美返國，看到社會上種種不合理的現象，常在演講、為文時提出批評，因此引起很多被批評者的不滿，甚至招來種種打擊。所以他自比為烏鴉，老是啞啞地對著人叫，別人見了他就大不吉利。他的白話詩說：「我大清早起，站在人家屋角上啞啞的啼。人家討嫌我，說我不吉利；──我不能呢呢喃喃討人家的歡喜！」

　　但是，現代有很多科學家證明，烏鴉是最聰明的動物之一，能像4歲的兒童那樣提前製訂計畫。儘管如此，中國民間對烏鴉的顏色和叫聲仍視為「不吉祥」的象徵。在K線圖譜之中，就有一個做空的組合，叫做「三烏鴉」。可見一般對於烏鴉的認知依然是負面的。它代表著「破壞」的力量。

黑三兵之後，預估未來行情仍將黑下去

　　「三烏鴉」的「三」意指連續的三檔股票。其次，烏鴉是黑色的，所以，「三烏鴉」指的便是在上漲波中，或在高檔橫向盤整一段時間之後，出現連續三根開高收低的「長黑K線」。三根長黑K線的收盤價，一根比一根低，所以也有人從外國技術分析的教科書，把它翻譯為「下跌三黑」或「黑三兵」。「黑三兵」明顯是對應於做多K線組合的「紅三兵」。

　　「黑三兵」是強烈的趨勢轉空訊號，表示賣盤力量強勁，是股價將暴跌的前兆。這種K線圖譜出現在「日線」，表示賣壓強大、短期空頭確立，是波段賣點；出現在「週線」，為中期空頭確立訊號；出現在「月線」，代表長期空頭市場已來臨。請看圖84-1，「揚明光」（3504）❶❷❸和❹❺❻都各自成為一組「三烏鴉」。再看圖84-2，在這張加權指數的日線圖，就有4組「三烏鴉」，難怪行情呈現直直落的現象。

　　根據經驗值，「三烏鴉」出現後即使當下未立刻再大跌（或有小反彈或盤整），但隔一段日子之後，通常是會續跌的！

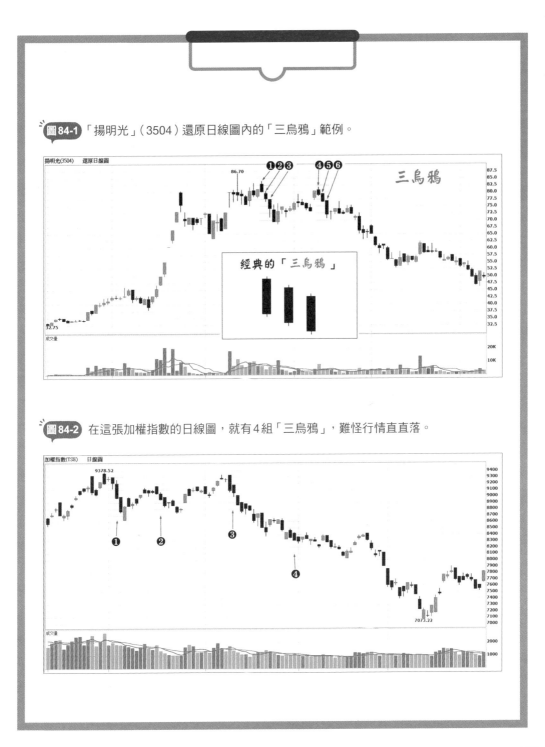

圖84-1 「揚明光」（3504）還原日線圖內的「三烏鴉」範例。

圖84-2 在這張加權指數的日線圖，就有4組「三烏鴉」，難怪行情直直落。

大敵當前，沒槍也得衝鋒

　　「大敵當前」K線譜，使我想起一部同名的戰爭老片子，描寫二次大戰期間的德、蘇大戰，蘇聯以人海戰術應對，成千的蘇聯百姓被送到這個炮火連天的廢墟中參戰。士兵們在將官的眼中，只不過是上層用來抵擋攻擊的消耗品。片中穿插了兩個神槍手的巷戰對決，以及年輕人的愛情故事，還頗為感人。

　　我印象比較深刻的是，德軍擁有優勢的轟炸火力，不斷攻擊渡輪，然而在渡輪上的士兵若是逃走都會立刻被長官槍斃；俄軍由於武器短缺，在衝鋒時有些士兵甚至手上連槍都沒有，竟然也要空手衝鋒去挨敵軍掃射，沒槍的士兵必須等到有人陣亡在現場撿別人的槍來使用………。這都是服過兵役的我們無法想像的殘忍畫面，幸好當年沒有戰事，不然真難面對戰爭中人性的自私與冷酷。

📊🔍 實體一根比一根短，上影線一根比一根長

　　請看圖85-1，經典的「大敵當前」K線組合特徵是：在上漲的趨勢中，連續出現3根長紅，但是在實體上卻是一根比一根短，而上影線又一根比一根長。意思也就是說：漲幅越來越小，而賣壓越來越大了！這說明前面慢慢出現了強大的阻礙，可說「大敵當前」、難以應付了。由於它的漲幅越來越小，因而我們也可以將它視為「紅三兵」的變形，顯示在上攻的過程中，已出現疲態，代表買進的力道轉弱或賣壓轉強，也就是即將變盤反轉的訊號。

　　在圖85-1中，「新美齊」（2442）的還原日線圖中，總共有❶、❷、❸等三個「大敵當前」的K線組合。再看圖85-2，「三洋紡」（1472）的還原日線圖中，也有兩個「大敵當前」的K線組合。圖中的❶❷❸是一組，❹❺❻則是另外一組。碰到這種情境，多方主力如果撐不下去，未來行情就會大跌了。如果未能及時辨認「大敵當前」的特徵，我們就會像《大敵當前》那部戰爭片那樣空著手衝向敵軍的機關槍掃射中……。

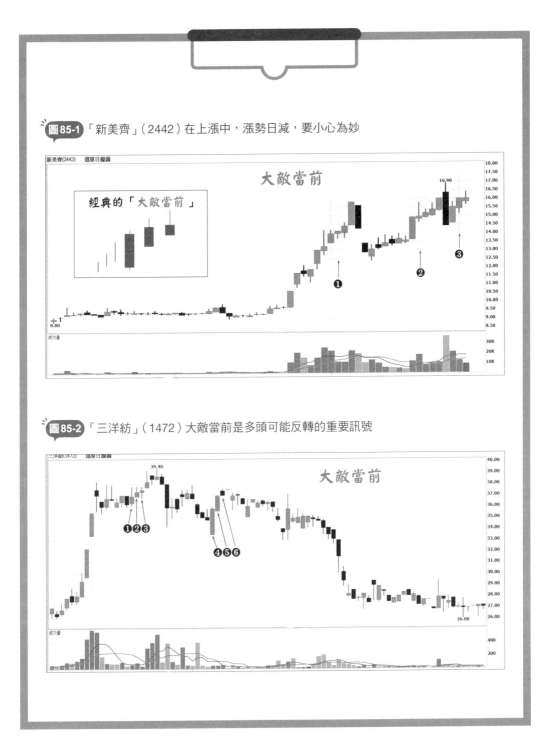

圖85-1 「新美齊」（2442）在上漲中，漲勢日減，要小心為妙

圖85-2 「三洋紡」（1472）大敵當前是多頭可能反轉的重要訊號

86 高檔雙流星的示警

流星雙煞，猶如黑白無常

　　我們說過，「流星」的K線意義和偶像劇追星族的「看到流星落下，趕快許個美好的願望，會實現的哦」，可說完全不是那麼回事。那是戀人們的夢囈；股市可沒如此詩意，我們甚至還要說「不要和股票談戀愛」！

　　股市K線的「流星」，一般都是比較偏向於負面的意義。它又稱為「掃把星」、「射擊之星」，是對多頭的一個警告，出現「流星」（長長的上影線，加上短短小小的實體），賣壓即將明顯紛至沓來；如果不重視它，也許上漲的趨勢很快就會像流星一樣轉瞬即逝，接下來股價會由漲變跌。

📊 兩根上影線都夠長的流星並列，就是主力大出貨

　　一顆流星已經很可怕，那兩顆流星並列，豈不更恐怖？所以，在上升趨勢的末端或高檔區，一根帶量的流星線，一般已經稱為「天線」了；如果連續出現兩根流星線，其上影線大於實體，且收盤價及最低價相近，這就叫做「流星雙煞」。

　　流星雙煞在高檔區的「量」越大（如暴增量）、或「價」越高（如跳空缺口），透露的變盤訊號也就越強。當股價漲多了的時候，又出現暴增量，那就是一種警訊。第二天量縮為前一天的一半，或者三分之一，表示出貨完畢。第2根流星線若呈現跳空型態，而其中一根流星線帶有「暴增量」，那更嚴重，幾乎可確認趨勢將反轉走跌了。

　　請看圖86-1，這是「東鋼」（2006）還原日線圖「流星雙煞」K線組合的範例。❶❷是一小組，❸❹也是一組，❺❻還是一組，「流星雙煞」是由兩根有上長影線、短實體構成的K線組合，並沒有規定兩根的顏色是紅是黑。重要的是下一根K棒（指圖中的❼）是否跌破了頸線。如果它的位置高於前兩根，那就是失敗的「流星雙煞」。再請看圖86-2的「東鋼」（2006）還原週線圖，這是非常經典的「流星雙煞」K線組合的範例，不僅上影線都出奇的長，而出貨量更是明顯。

🔖 **圖86-1** 「東鋼」（2006）還原日線圖「流星雙煞」K線組合的範例。

🔖 **圖86-2** 「東鋼」（2006）還原週線圖「流星雙煞」K線組合的範例。

87 高檔恐怖的吊人樹

吊人線，吊死多少英雄豪傑

　　明崇禎帝朱由檢在梅山的一棵古樹上吊，死時才34歲，這是自殺；楊貴妃被勒死在一棵梨樹下，死時才38歲，這是他殺！不論自殺與他殺，都與樹沒有關係，而與不能呼吸有關。穿越到古代瞧瞧「吊人樹」太恐怖了，還是回頭來看看我們股市的「吊人線」吧！如果沒搞懂它的功能，其後下跌的行情，恐怕也會讓股民被逼得喘不過氣來吧！

　　「吊人線」，又叫做「吊頸線」。它的長相和「鎚子」完全一樣。不過，「鎚子」立在地上（線型的底部區），很安全；「鎚子」如果掛在天空（線型的頭部區），那掉下來肯定要砸昏很多人吧！有一種K線組合，叫做「破肚穿腸」，就是把它安置在其中而引爆出「做空」的力量！

📊 重點是吊人線居中，下影線也要夠長

　　「破肚穿腸」是由三根K線組合而成。它的特徵是：❶在上漲趨勢中。❷第1根中長紅K線之後，出現一根開高收低的「陰線吊人線」（第2根）。吊人線出現在高檔位置，是「見頂訊號」；吊人線的下影線，貫穿前一根「中長紅K線」的實體（也就是所謂的「破肚」），超過二分之一以上，稱為「穿腸線」。這根穿腸線貫穿中長紅K線的實體，極具殺傷力。❸若第3根K線是「跳空開低」，則形成「吊頸穿腸」型態，那麼「頭部反轉」的態勢就更明確了。

　　請看圖87-1，這裡有「益登」（3048）「破肚穿腸」的K線組合❶❷❸。經典範例，一目了然。但是，怎樣的相似圖例，才有「破肚穿腸」的精神呢？那就是三根K棒都要夠長，然後重點是中間那根（❷）是吊人線，下影線還必須長到可以穿過長紅（❶）的肚子以下，這樣才算是「破肚」又「穿腸」。最後的黑K（❸），最好是位置相對偏低，如此才能確認行情會續跌。再看圖87-2，「磐儀」（3594）的「破肚穿腸」K線組合❶❷❸。可不是完全符合以上的條件嗎？

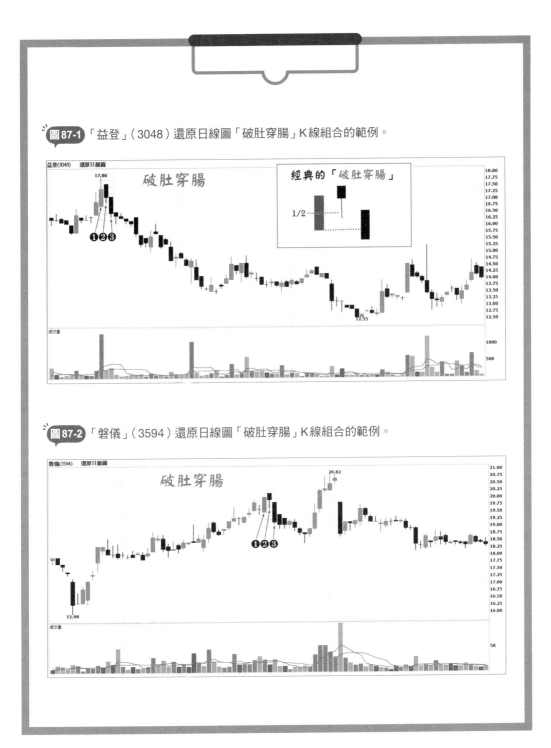

圖87-1 「益登」（3048）還原日線圖「破肚穿腸」K線組合的範例。

圖87-2 「磐儀」（3594）還原日線圖「破肚穿腸」K線組合的範例。

空頭棄嬰，教人當捨則捨

　　「空頭棄嬰」這個K線組合，從名字來看，就知不利多頭。但台股紅紅黑黑，黑黑紅紅，兩根K線的組合、三根K線的搭配，有時呈現出來的圖譜，難免非常相似。那如何區別呢？在說明「空頭棄嬰」這3根線形組成和別的如何區別之前，總得先把自己「講清楚、說明白」吧！

　　「空頭棄嬰」是由3根線形組成，依序是紅、黑、黑的顏色。特徵如下：❶原本的走勢是向上的。❷第1根K棒，是實體的長紅。❸第2根K棒是一根十字星線，它與第1根K棒之間，有個跳空缺口。❹第3根是向下跳空的實體黑K棒，它的收盤價深入到第1根K棒的實體內。

📊 懂得十字線的位置，就知K線組合不重複

　　首先，我們來看它和「空頭母子線」（見本書第79單元）有什麼不同？——雖然同樣是3條線，但「空頭母子線」的前兩根其實就是一個前紅、後黑的「孕抱線」，而「空頭棄嬰」的第二根卻是跳空而上的十字線。光憑這一點就有明顯的不同，遑論其他了。

　　那麼它和「空頭母子十字」（見本書第80單元）有什麼不同？——雖然同樣是3條線，但「空頭母子十字」的前兩根是長紅實體線＋「十字」星型。位置仍有所不同。「空頭母子線」的第2根「十字」是在第1根的中間位置，才會形成「孕抱線」的感覺。婦女與小孩，那十字不可能在脖子以上的高度吧？而「空頭棄嬰」的第二根卻是跳空而上的十字線，位置較高。

　　我們來看圖88-1，在「凌陽」（2401）還原日線圖「空頭棄嬰」K線組合的範例中，❶是長紅，❷的經典圖形應是跳空，可是若不跳空，也至少是跳出去了，不會在❶的實體（肚子）之內。至於❸則是讓趨勢向下的「確認」因素。再看圖88-2，「致伸」（4915）還原日線圖裡有兩組「空頭棄嬰」，分別是❶❷❸和❹❺❻各一組，它們的重點——第2根十字，也是在較高或脫離而去的位置。

圖88-1 「凌陽」（2401）還原日線圖「空頭棄嬰」K線組合的範例。

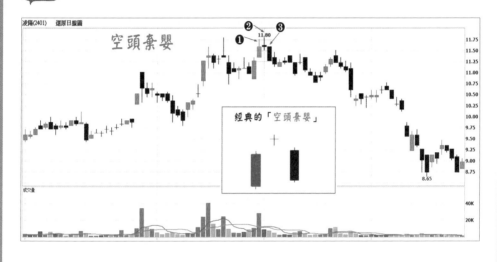

圖88-2 「致伸」（4915）還原日線圖「空頭棄嬰」K線組合的範例。

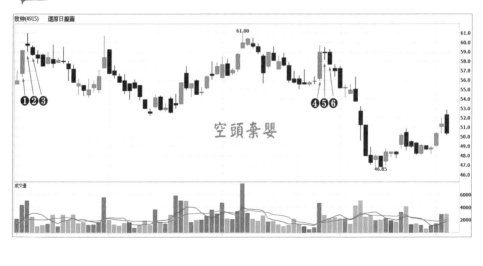

吞三紅，再低還有更低

「吞三紅」這個K線組合，名稱和「三烏鴉」一樣生動靈活，一聽就懂，是明顯空方取得優勢地位。它的組合總共有4根K棒，顏色是紅、紅、紅、黑。特徵是：❶原本的走勢是向上或盤整均可。❷連續三根小紅K之後，出現一根中長黑K線。❸的這根黑K，把前面三根小紅完全吞噬。

「吞三紅」是一種「獲利回吐、股價會跌」的訊號，也是頭部反轉或中期回檔訊號，常見於中大型股，但部分小型主力股也常出現此種反轉訊息。因為如果這根黑K低點被跌破，趨勢就確定走空。

📊🔍 越經典的做空圖譜，越容易擊潰多方陣營

請看圖89-1，這是「緯創」（3231）「吞三紅」K線組合的範例。在圖中，❶、❷、❸加起來，原是一個「三烏鴉」（見本書第84單元）的K線組合，應該把股價打下去，不是嗎？偏偏碰到了一個由❹、❺、❻組成的、類似「紅三兵」的K線組合。那又為什麼沒把行情拉上去呢？——因為這個「紅三兵」的成分都太短了，不到中長紅的程度，所以力量有限，打不垮❶、❷、❸的「三烏鴉」。更有趣的是，❹❺❻❼正是本單元所說的「吞三紅」K線譜，它的❼一根黑線，就把前面三根短短的紅線全部「吞」掉了。這就是標準的「吞三紅」。別小看了它的威力。此一圖譜，是出現在非常低檔的位置。而這個做空K線組合一出現，仍硬生生地讓股價連跌兩天。

再看圖89-2，圖中❶、❷、❸、❹是「雷科」（6207）「吞三紅」K線組合的範例。「雷科」長長的❹，一根黑K棒，就把前面❶、❷、❸的每一根都「吞」掉了。真是標準的「吞三紅」！至於圖中❺、❻、❼、❽也勉強可以稱為「吞三紅」，不過，❽的長度太短了，還不足以吞下前面❺、❻、❼的每一根小紅。至於為什麼後來卻大跌一場呢？這只能說是趨勢形成，它只是「壓垮駱駝的最後一根稻草」而已。

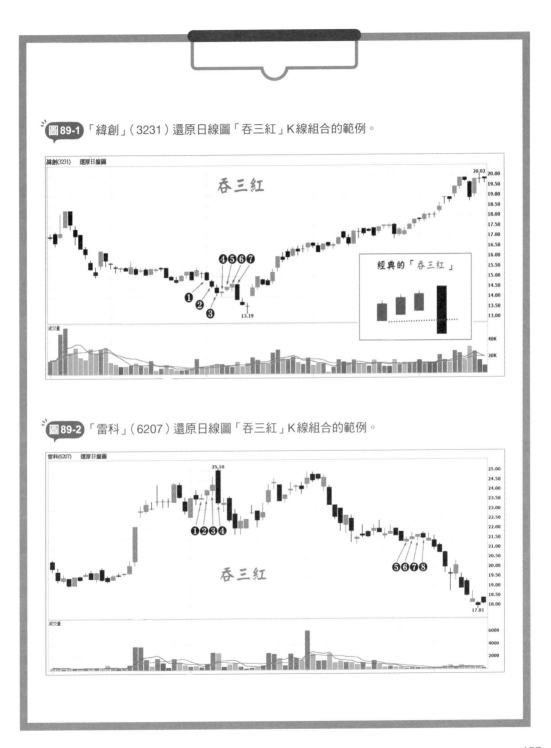

圖89-1 「緯創」（3231）還原日線圖「吞三紅」K線組合的範例。

圖89-2 「雷科」（6207）還原日線圖「吞三紅」K線組合的範例。

雙鴉躍空反轉走跌

雙鴉躍空，缺口成了陷阱

　　儘管在日本，烏鴉被作為吉祥之鳥所供奉，被日本人當作「立國神獸」，烏鴉也曾作為日本足球代表的象徵，但是，日本的技術分析大師，仍喜歡一而再，再而三地用烏鴉比喻不吉祥，例如「雙鴉躍空」也是一個作空的K線組合。

　　「雙鴉躍空」是由3根K線所組成，顏色依序是紅、黑、黑。它的特徵是：❶原本的走勢是向上或盤整。❷第一根K線，是順勢的「長紅K線」。❸第二根K棒為向上跳空的較短實體黑線。它跳空開高，最後卻變成走低的「中長黑線」。❹第三根K棒也是一根實體黑線，其K棒的實體，完全吃掉了前一根K棒的實體。另一方面，第三根K棒的收盤價，還在第一根實體長陽線的收盤價之上，也就是第一根與第二根K棒之間的向上跳空缺口，並沒有被第三根下跌的K棒封閉。

📉🔍 雖然沒有封閉缺口，卻封閉了上攻的信心

　　請看圖90-1，這是「台火」（9902）「雙鴉躍空」K線組合的範例。圖中的❶是一根突破橫盤格局的「長紅」，第二根是一個大跳空的上漲，吸引了不少人氣，尤其技術派人士更樂於見到它的突破。有突破，就會有人搶進。於是，這個❷拉回測試時就有支撐，卻無法收在最高點。因為也有一些比較早介入的人獲利了結。沒想到第三根K棒❸則是再一次開高，重跌時仍然有支撐，但拉高就有賣壓，最後就難以收高。「雙鴉躍空」造成的影響，竟然是負面的。以突破上漲始，以「多殺多」的恐慌下跌告終。

　　再看圖90-2，這是「中視」（9928）「雙鴉躍空」K線組合的範例。由❶、❷、❸所組成的「雙鴉躍空」K線譜，也相當經典。❶是斜率向上的突破點，它本身已經和前一日形成「多頭吞噬」了，何況第二天❷仍然是跳空開高，可是仍然是因為部分人的提早獲利了結，造成龐大的賣壓，第三天❸開高走低，終於導致其後的緩慢性下挫行情。

圖 90-1 「台火」（9902）還原週線圖「雙鴉躍空」K線組合的範例。

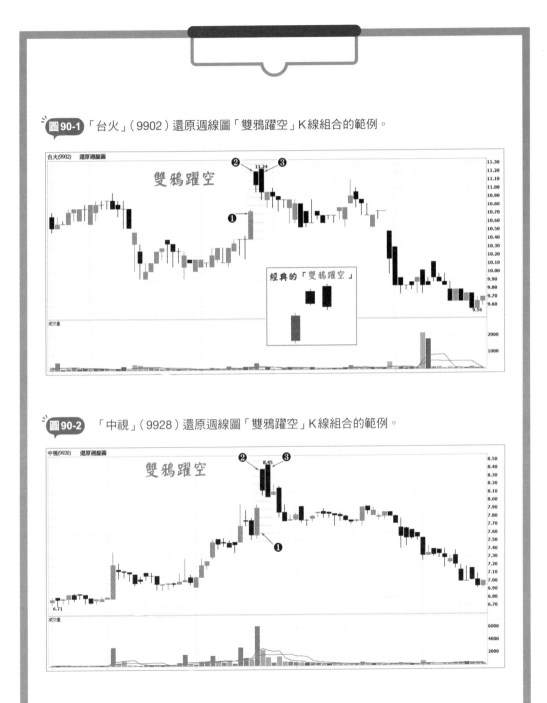

圖 90-2 「中視」（9928）還原週線圖「雙鴉躍空」K線組合的範例。

91 空頭遭遇戰見阿飄

空頭遭遇，是不對等的合作

　　戀人初相識，總是喜歡詩情畫意地說是「偶遇」或「邂逅」，然後眼波傳電，相當有緣；而仇人相見，卻都說是「冤家路窄」，四目相接，分外眼紅；兩軍不小心碰上了，就說「遭遇」——立刻來一場你死我活、流血干戈的「遭遇戰」。可見「遭遇」一般都是不幸的。K線圖譜也有所謂的「空頭遭遇」，指的是前後兩根K棒，前一根是紅K，後一根是黑K，兩根的收盤價一樣。

　　兩根K線的收盤價一樣，淵源卻不同。前一根紅K是開低走高，可能是收最高（如果沒有上影線）的結果。而後一根黑K好不容易有一個非常高的開始，當天卻是收最低（如果沒有下影線）的結果。兩條K線的立足點可不公平！這使人想起「企業合併」的寓言：雞要求和豬合作生產「火腿蛋」，豬非常憤怒地對雞說：「那可不行！你才出雞蛋而已，我可是要出『命』的呀！」

📊 隔日沖大戶出貨，股價容易回到原點

　　「空頭遭遇」最常見到的情形，應該是隔日沖大戶今天把股票拉漲停，甚至在漲停價處掛千餘張，讓人心癢癢的。只等次日追價。由於昨天是收漲停，今天便容易因追價的買盤而開出高盤。可是，隔日沖大戶卻在此時逆向操作、迅即出貨了。於是原本漲幅5、6%的股票，在上了更高價之後，就慢慢滑價下來。最後甚至打回原點。於是，就套牢了一堆人。

　　請看圖91-1，這是「玉晶光」（3406）的一次「空頭遭遇線」及其範例。圖中的❶收盤價是270元，❷也是270元。前一根紅K等於興沖沖地交出了美好的成績單，並且促成第二天的「開高」，結果卻只收平盤。這有點像接力賽的衛冕隊高手跑出歷來最好的成績，結果卻因把棒子交給豬也似的隊友，而全隊輸掉了！簡直是見到「阿飄」了！再看圖91-2，這是「玉晶光」的另一次「空頭遭遇線」。圖中的❶和❷收盤都是365元。原理如一，就不再多說了。

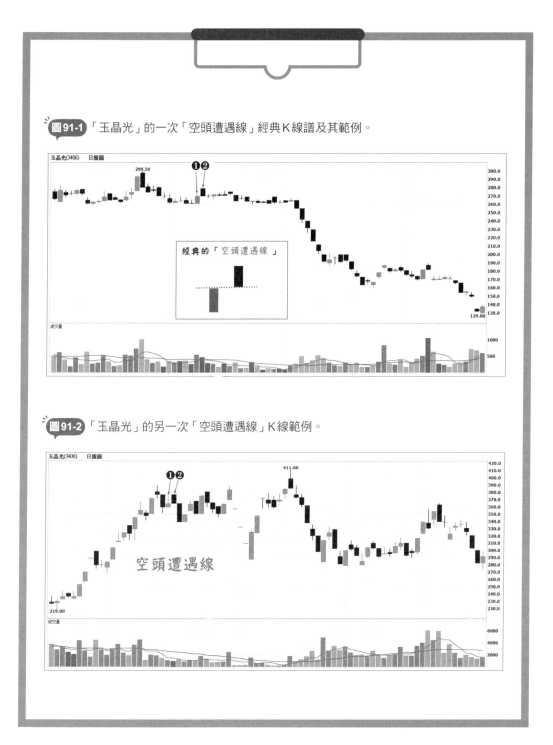

圖91-1 「玉晶光」的一次「空頭遭遇線」經典K線譜及其範例。

圖91-2 「玉晶光」的另一次「空頭遭遇線」K線範例。

翻空包容線，屬於一種騙線

　　技術線型的「騙線」不少，種類繁多。有些騙線甚至能殺人於無形。早年沒有「籌碼研究」這門學問，所以總是技術分析掛帥，偏偏又得不到籌碼真相的印證，很難預測以後的股票走勢變化。自從證交所在2009年開始把券商每日的「分點」進出資料放上網路之後，許多軟體公司於是把第一手的資料加以整理後，讓投資人便利了不少。

　　技術線型準嗎？這是見仁見智的事。如果能運用其他的指標和籌碼等交叉判斷，當然是有更大的可信度。否則光是看K線的起起落落，有時也是很難看出主力在搞什麼鬼。沒錯，線型是主力用錢砸出來的。尤其近年學習技術分析的風氣盛了，散戶雖然比從前進步了，但主力顯然也不是吃素的。他們常常會逆向操作，目的就是設法用騙線來誤導投資人，以便於從容倒貨，謀取暴利。

覆蓋線一陰一陽的設計，旨在逆向思考

　　有一種屬於騙線之一的「翻空包容線」是由3根含有意義的K線，加一根確認走勢的K線所構成。它是一種賣出訊號。請看圖92-1，這是「翻空包容線」的基本模式。其特徵如下：❶是第一根K棒，❷是第二根K棒。❶和❷的關係，可以是「覆蓋線」，也可以是「烏雲罩頂」。❸是第三天，通常是開在平盤之下。雖然它也可以說是由三根K線組合而成，但最好有第四天「開低」（或開高走低）的確認。

　　再看圖92-2，「國賓」（2704）在出現「翻空包容線」之後，股價大跌一段。圖中❶第一天是陽線，❷第二天是陰線，❸第三天是大陽線，而且紅實體的開盤是開在平盤之下，而收盤卻收在前一天陰線的開盤之上。（也就是說，第三天的長紅線，完全吃掉第二天的陰線實體。）這樣一陰一陽的設計，讓人很難理解其奧妙，但事後就知道股價確實已跌了一大段。筆者也曾用這樣的線型去觀察測試「櫃買指數」，發現案例還不少。

圖**92-1** 「翻空包容線」的基本模式。

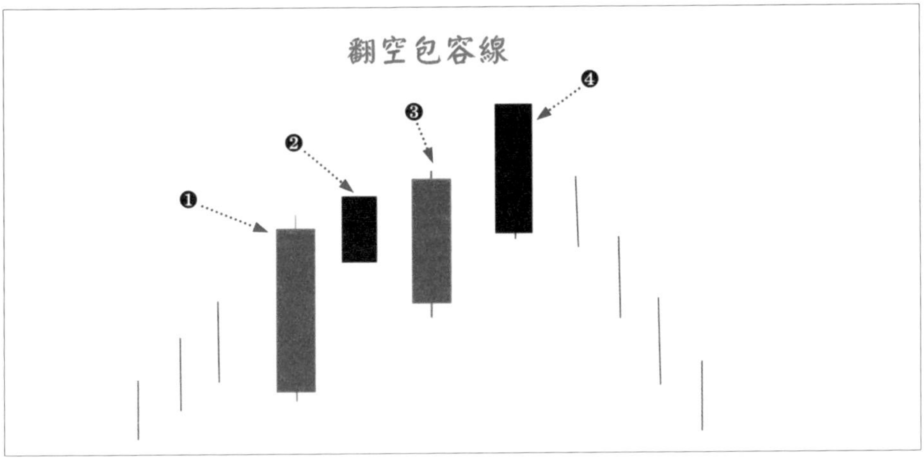

翻空包容線

❶ ❷ ❸ ❹

圖**92-2** 「國賓」（2704）在出現「翻空包容線」之後，股價大跌一段。

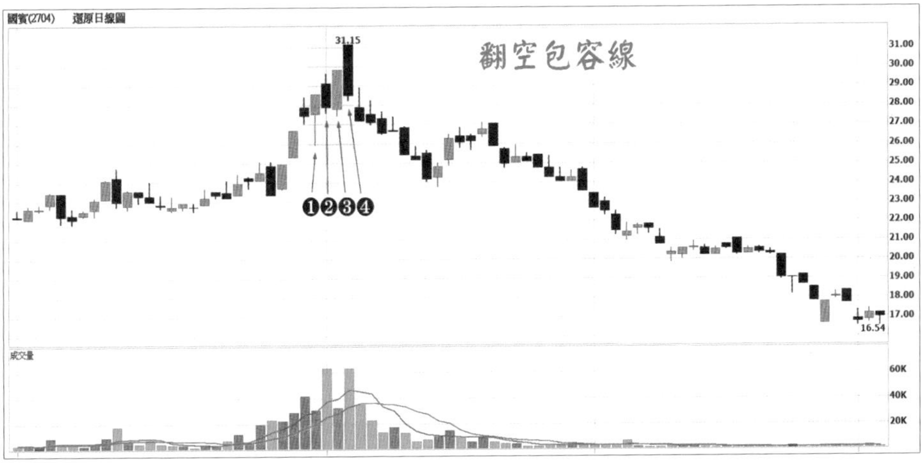

翻空包容線

93 空頭隔離線的殺多

走跌階梯，優雅的下台

　　股票如人生，上台靠機會，要耐心尋找進場點；下台靠智慧，看線型不對，就應閃人。當我們在人生舞台時，上台就要做好下台的準備；在台下，也得隨時準備上台。股票也是一樣起起落落，有的人可以非常理性地看盤，從容不迫地出脫持股，有的人卻總是非常情緒化地追高殺低，一會兒興奮狂喜，一會兒又跺腳嘆氣。通常無法優雅地下台，都是功夫不到家的緣故。

　　以線型來說，廣博地多知道一點圖例，總是好的。要善用經驗，不要拘泥於知識。「要嘛，就完全排斥；要嘛，就迷信而不懂權變之道。」這都是不該有的迷思（Myth）。

穿西裝下台的工整行情，需要見好就收

　　K線圖譜很多，以市場較為人所知的日本酒田戰法，就有80種型態。難道每一招都管用？那倒不見得。但是，多認識一點「題型」、「題庫」，總會在你解題的時候，產生啟發性的靈感，不是嗎？這裡介紹一種叫做「走跌階梯」的K線組合。當筆者在尋找這種圖例的時候，發現這麼工整的跌法，還是相當少見。不過，當我找到了，卻發現都是銀行股，實在有趣，莫非這些股票在跌的時候，也是穿著銀行員整齊的西裝下台？

　　請看圖93-1，從「走跌階梯」的經典模式，可以了解它的特徵是：❶多處於盤整或即將下跌的趨勢中。❷以3根K線來說，一根比一根的股價低。❸兩根K線的位置總是在前一根低點、後一根高點附近相遇，甚至是同一個價格，這叫做「空頭隔離線」。❹多數都沒有上下影線，很像人走的階梯一樣排列。

　　再看圖93-2，「走跌階梯」是下跌走勢的驛站，但是據筆者研究，如此工整的跌法，通常不會維持很久。如本圖中經歷了❶❷❸❹走跌階梯之後，如果出現❺這樣的長紅把❹吞噬了，次日還來個跳空而上，大概跌勢就結束了。而❹的低點如果被跌破，那下面的行情就仍將續跌。

圖93-1 「走跌階梯」的特徵就是「空頭隔離線」式的排列，很像人走的階梯。

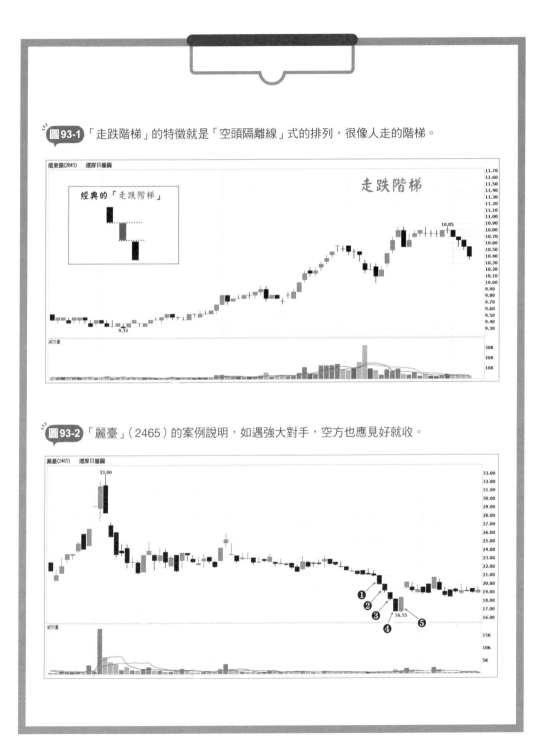

圖93-2 「麗臺」（2465）的案例說明，如遇強大對手，空方也應見好就收。

94 沒三日好風景又跌

下降三法，該跌的繼續跌！

「該發生的還是會發生，正如水煮開了必定沸騰。」年輕時代筆者自創了這麼一句語法，恰好可用於「空頭下降三法」K線組合。這個K線組合講半天，不懂的仍將不懂，還不如直接用圖例說明。請看圖94-1，這是「鎰勝」（6115）經典的「空頭下降三法」及其圖例。請看經典小圖。故事中的主角，是5根K線。第1根是長黑，第2、3、4根是小紅，最後一根是長黑。這紅、黑兩隊在拔河，最後哪一隊贏了呢？

——答案是黑隊贏了！原因是第一根黑K，為承襲前面的下跌趨勢而出現，接下來的三根小紅雖然聯手想把「拔河之繩」拉往上方，不過，畢竟個頭兒都太小，以致被站在下方的第5根高個子長黑給拉了下去！

📊 學K線，最重要的是掌握蘊含的「精神」

下降趨勢中，該跌的還是會跌，那三根小紅，只是在整理走勢中的「休息一下」。但「休息是為了走更長的路」，只要第5根是比前4根的位置都低，股價續跌的機率依然很高。只要懂得這個K線組合的「精神」，就能體會圖94-1中「鎰勝」的實際例子，那3根K線，是什麼形狀與什麼顏色，都不重要，只要這三根小紅或小黑的實體，都不要超出第1根黑K的低點範圍，這種向下的趨勢或一貫的習性，就不會改變。加上第5根黑K的推波助瀾，當小紅、小黑們「休息」夠了，未來的走勢仍難逃向下沉淪的命運。反正經典範例是經典範例，只要掌握它的精神，就不要拘泥於一些「像不像、合不合條件」的細節。看本書，才會有脫胎換骨的新思維和進步。

再看圖94-2，圖中「橋椿」（2062）的❶是長黑，❷、❸、❹雖然一度跌破❶的低點，但斜率依然向上，儘管三個小兵力圖振作，但❺是繼續下跌的關鍵力量，因為它開在❶的實體之內，卻延伸向下好幾公里之遠。所以，3位小兵最後還是讓黑方大將把行情給拖了下去！

圖94-1 「鎰勝」（6115）經典的「空頭下降三法」及其圖例。

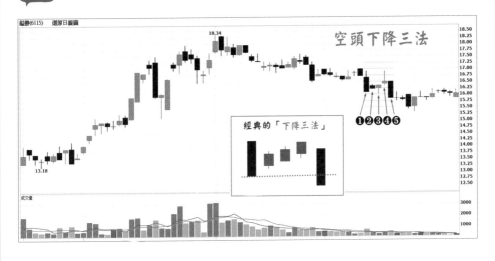

圖94-2 「橋椿」（2062）的「空頭下降三法」圖例。

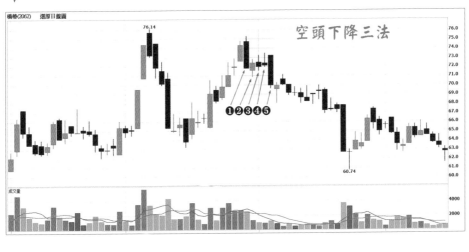

空頭三明治，跌得呼爹叫娘！

　　兩大黑K夾一小紅線，就有如「夾心麵包」的K線組合，為何要名為「空頭三明治」呢？因為現在的西式漢堡大熱賣，多半都有一層又一層的各種食材，還是「三明治」單純些。3根K線並列，遠看就像一個「川」字，第1根是中長黑，第2根是中小紅，第3根是中長黑。顏色當然是黑、紅、黑。為什麼中間的K棒要短一些？那當然了，否則夾肉太大一片，三明治商家可就沒利潤了。

　　「空頭三明治」會出現在上漲、盤整、下跌等各種趨勢中，非常普遍。不過，長短很重要。因為它代表著紅方（多方）、黑方（空方）的較勁力道。不是「兩陰夾一陽」就算數的。對於空方來說，存在於高檔的意義，遠重於在低檔。所謂「兩陽夾一陰，窮人要翻身；兩陰夾一陽，呼爹又叫娘。」這樣的口訣，不會這麼容易得到的，得有一定的條件才行。

📊 K線的長短很重要，會影響漲跌可信度

　　請看圖95-1，這是「安勤」（3479）經典的「空頭三明治」圖型及其範例。圖中的❶和❷合併形成「多頭母子線」，❷和❸卻合併形成「空頭吞噬線」。這是「空頭三明治」的特色。在「安勤」這張還原日線圖中，「空頭三明治」是下跌趨勢的中繼站。一般來說，在跌勢中，出現這種K線組合，則有下跌的空間，如果沒有其他的止跌訊號，則跌勢不變。若第3根黑K的最低點位置低於第1根，則可信度更高。

　　再看圖95-2，這是「友達」（2409）的「空頭三明治」K線組合。圖中的❶和❷合併形成「多頭母子線」，❷和❸卻合併形成「空頭吞噬線」。在「友達」的還原日線圖中，「空頭三明治」是在上漲一段時日之後開始產生的，其後雖然盤整攀高了幾天，但終究還是下來了。投資人在面臨這種情況時，有時必須有耐心等候。必要時，仍須參考其他的指標，才比較快研判出未來可能何時才會下跌。

圖95-1 「安勤」（3479）經典的「空頭三明治」圖型及其範例。

圖95-2 「友達」（2409）的「空頭三明治」K線組合。

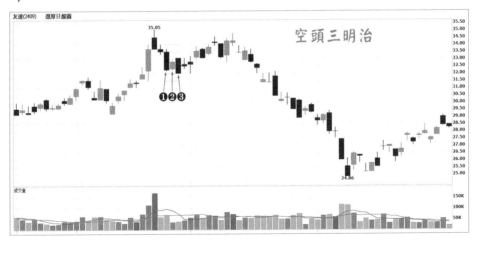

台灣廣廈 國際出版集團
Taiwan Mansion International Group

國家圖書館出版品預行編目資料

100張圖學會K線精準判讀：神準天王方天龍「股市生命線」大公開/方天
龍 著，-- 初版.-- 新北市：財經傳訊, 2018.09
　面；　公分. -- （through；15）
ISBN 978-986-130-405-2 （平裝）
1.股票投資　2.投資技術　3.投資分析
563.53　　　　　　　　　　　　　　　　　　　　107013102

財經傳訊
TIME & MONEY

100張圖學會K線精準判讀：
神準天王方天龍「股市生命線」大公開

作　　　者／方天龍　　　　　編輯中心／第五編輯室
　　　　　　　　　　　　　　編 輯 長／方宗廉
　　　　　　　　　　　　　　封面設計／十六設計有限公司
　　　　　　　　　　　　　　製版·印刷·裝訂／東豪·弼聖·秉成

行企研發中心總監／陳冠蒨　　線上學習中心總監／陳冠蒨
媒體公關組／陳柔彣　　　　　數位營運組／顏佑婷
綜合業務組／何欣穎　　　　　企製開發組／江季珊、張哲剛

發 行 人／江媛珍
法律顧問／第一國際法律事務所 余淑杏律師·北辰著作權事務所 蕭雄淋律師
出　　版／台灣廣廈有聲圖書有限公司
　　　　　地址：新北市235中和區中山路二段359巷7號2樓
　　　　　電話：（886）2-2225-5777·傳真：（886）2-2225-8052

全球總經銷／知遠文化事業有限公司
　　　　　地址：新北市222深坑區北深路三段155巷25號5樓
　　　　　電話：（886）2-2664-8800·傳真：（886）2-2664-8801
郵 政 劃 撥／劃撥帳號：18836722
　　　　　劃撥戶名：知遠文化事業有限公司（※單次購書金額未達1000元，請另付70元郵資。）

■ 出版日期：2018年10月　　　■ 初版21刷：2024年9月
ISBN：978-986-130-405-2